快速读懂民法典

婚姻家庭编

如何让家更幸福

刘 磊 主编

中国民主法制出版社

图书在版编目（CIP）数据

快速读懂民法典.婚姻家庭编——如何让家更幸福/
刘磊主编.-- 北京：中国民主法制出版社，2021.4
　　ISBN 978-7-5162-2071-9

　　Ⅰ.①快… Ⅱ.①刘… Ⅲ.①民法—法典—中国—学
习参考资料②婚姻法—中国—学习参考资料 Ⅳ.
①D923.04 ②D923.904

　　中国版本图书馆CIP数据核字（2021）第044177号

图书出品人：刘海涛
出 版 统 筹：乔先彪
责 任 编 辑：陈　曦　谢瑾勋

书　　　名 / 快速读懂民法典·婚姻家庭编——如何让家更幸福
作　　　者 / 刘　磊　主编
插　　　画 / 图图话话艺术教育·蛋糕老师

出版·发行 / 中国民主法制出版社
地址 / 北京市丰台区右安门外玉林里7号（100069）
电话 /（010）63055259（总编室）　63058068　63057714（营销中心）
传真 /（010）63055259
http: //www.npcpub.com
E-mail: mzfz@npcpub.com
经销 / 新华书店
开本 / 16开　　640毫米×920毫米
印张 / 12　　**字数** / 79千字
版本 / 2021年4月第1版　　2021年4月第1次印刷
印刷 / 唐山才智印刷有限公司

书号 / ISBN 978-7-5162-2071-9
定价 / 39.80元
出版声明 / 版权所有，侵权必究。

我叫王小强，自认是个达观的乐天派，虽不说事业有成，但也小有成绩，唯一的爱好就是研究法律，只因吃过不懂法的亏，也尝过以法律保护自己和身边朋友权益的成就感。

　　我所遇到过的纠纷，可能是你，也可能是他／她正在经历的纠纷，博学多思、古道热肠的我今天化身"普法男神"，让你远离法律盲区，为你保驾护航，让法律能够成为每一个人的合法武器！

民法典
诞生

婚 姻 家 庭 编

　　家庭是社会的基本细胞，只有"小家"和睦，"大家"才能和谐稳定。维护平等、文明的婚姻家庭关系，需要法律的强力支撑。《中华人民共和国民法典》（以下简称《民法典》）婚姻家庭编针对当前婚姻家庭领域出现的新问题，对原婚姻法等规定作出修改和完善，回应了时代需求，为塑造良好的婚姻家庭关系提供了强大的法律保障。

　　如何认定婚姻关系存续期间夫妻对外举债的性质，是关乎千万家庭切身利益的事情。过去由于过度重视对债权人的保护，使得在司法实践中，夫妻一方离婚后背负从天而降的巨额债务的情形屡次出现。对此，《民法典》完善了夫妻债务制度，首次规范了夫妻共同债务。新规定更加注重对非举债一方配偶的保护。

　　近年来，我国离婚率不断攀升，影响了家庭关系的稳定。为了避免轻率离婚、冲动离婚现象的出现，《民法典》增设了离婚冷静期。离婚冷静期的规定不是为了限制离婚自由，而是让当事人在冷静期内再慎重地考虑是否离婚问题。此举有利于引导民众冷静地对待婚姻。

现实生活中婚内出轨现象屡见不鲜，为了让在离婚案件中出轨的代价不再低廉，此次《民法典》对于夫妻共同财产的分割，在原婚姻法照顾子女和女方权益的原则基础上新增照顾无过错方权益的原则。另外，《民法典》在原婚姻法无过错方有权请求损害赔偿的 4 种情形中，又增加了一项。明显加大了对无过错方的保护力度，有利于弘扬社会公平正义。

面对我国少子化现象突出的国情，收养有重大的现实需求。为此，《民法典》关于收养部分作出了重大调整。为了与计划生育政策的调整相协调，将收养人须无子女的要求修改为收养人无子女或者只有一名子女，拓宽了收养人的范围。又将 14 周岁至 18 周岁的未成年人纳入被收养人范围，放宽了收养成立条件，扩大了可以被收养的未成年人范围。在鼓励收养的同时，对收养程序进一步规范，对收养人资格条件审查也更为严格。这些都体现了《民法典》对加强被收养人利益保护的重视。

目录 民法典

第三章　**老幼病弱，扶养有责**

第四章　**离婚不易，切勿冲动**

第五章　一别两宽，各分财产

第六章　心有大爱，收养有规

爱情可**自由**，
结婚有**条件**。

第
一
章

父母能私定儿女的婚约吗？

老王家和老夏家几代是世交，转眼间，两家的儿女都成年了，年龄也相差无几，老王和老夏就商量着结成亲家，亲上加亲，于是两位就私自为儿女订立了婚约。

王小强的哥哥王小东是家中长子，这桩婚约自然就落到了他的头上。王小东虽然对夏琳琳没有感情，但眼看自己到了适婚年龄，却一直没有找到女朋友，就勉强答应了。

可当老夏把决定告诉女儿时，女儿夏琳琳十分反对，她说自己根本不喜欢王小东，自己年龄尚小，才19周岁，现在突然要嫁给他，实在是无法接受。但老夏劝女儿说，咱们家对老王家知根知底，而且老王家生活条件优渥，嫁过去只有享不完的福。

最终，在两家老人的强逼下，通过私下托人，在婚姻登记机关办理了王小东和夏琳琳的结婚登记手续。结婚 2 个月后，王小东和夏琳琳因为感情不好，时常吵架，王小东开始动手打夏琳琳，夏琳琳多次跑回娘家，父母却劝她忍耐。于是，夏琳琳向人民法院起诉，称结婚非自愿行为，要求与王小东离婚。那么，夏琳琳能如愿地与王小东离婚吗？

小强说法

这个案例主要涉及婚姻自由的法律适用问题。婚姻自由包括结婚自由和离婚自由。结婚自由，是指婚姻当事人享有根据自己意愿与他人缔结婚姻的自由，是需要当事人自主决定，任何强迫或者干涉都是不允许的。离婚自由，是指在婚姻关系无法维系的情况下，依法定程序解除婚姻关系的自由。任何干涉他人婚姻自由的行为都是违法的。

本案中，王小东和夏琳琳都具有选择结婚对象的自由，其他任何人不得以任何手段干涉。当下，在许多富商家族和农村，这种父母包办婚姻的现象还一定程度地存在。作为子女，一旦遭遇这种强迫结婚的事情，一定要学会利用法律来维护自身权益。

同时本案中，夏琳琳未到法定年龄结婚是不合法的。《民法典》明确规定，结婚年龄，男不得早于22周岁，女不得早于20周岁。

王小东和夏琳琳在父母的逼迫下结婚，因为没有良好的感情基础，所以结婚才2个月就发生了家庭暴力事件。针对家庭暴力，《民法典》明确规定，婚姻生活中有家庭暴力、虐待、遗弃家庭成员等行为，一方提起离婚诉讼，调解无效的，应当准予离婚。

因此，夏琳琳要求离婚的诉讼请求可以得到人民法院支持，人民法院应当准予夏琳琳离婚。

法典在线

《中华人民共和国民法典》第一千零四十六条　结婚应当男女双方完全自愿，禁止任何一方对另一方加以强迫，禁止任何组织或者个人加以干涉。

《中华人民共和国民法典》第一千零四十七条　结婚年龄，男不得早于二十二周岁，女不得早于二十周岁。

《中华人民共和国民法典》第一千零七十九条　夫妻一方要求离婚的，可以由有关组织进行调解或者直接向人民法院提起离婚诉讼。

人民法院审理离婚案件，应当进行调解；如果感情确已破裂，调解无效的，应当准予离婚。

有下列情形之一，调解无效的，应当准予离婚：

（一）重婚或者与他人同居；

（二）实施家庭暴力或者虐待、遗弃家庭成员；

（三）有赌博、吸毒等恶习屡教不改；

（四）因感情不和分居满二年；

（五）其他导致夫妻感情破裂的情形。

一方被宣告失踪，另一方提起离婚诉讼的，应当准予离婚。

经人民法院判决不准离婚后，双方又分居满一年，一方再次提起离婚诉讼的，应当准予离婚。

新法亮点

《民法典》第 1047 条删除了原婚姻法中"晚婚晚育应予鼓励"的规定，这是立足于现实国情的需要，是更符合现代社会发展的趋势的。不再提倡晚婚晚育，并且鼓励生育二胎，不仅仅是对适龄夫妻生育优化，提高人口质量的举措，也是缓解社会老龄化的一项措施。

2 "姑表亲""姨表亲"是否可以结婚?

王小强的堂弟王小军自小和姑姑王楚楚家的大表妹孙珊玩耍在一起,两人可谓青梅竹马。他们从小学到大学都在一所学校,感情非常深厚,大学期间两人正式确定了恋爱关系。但是他们的相爱遭到家里所有人的反对,不仅反对他们在一起,更反对他们结婚,并告诉他们近亲是不能结婚的。可二人对这件事并没有明确的认识,全然不顾,只想结婚永远在一起。

王小强的叔叔王大林因为这件事寝食难安,王小强作为堂哥,多次耐心劝解,可王小军谁的话也听不进去。最后,王小强和叔叔、婶婶商量,让他们到婚姻登记处咨询,若是婚姻登记处同意他们结婚,父母也就不反对了。那么,他们能结婚吗?

虽然在我国古代有近亲结婚的习俗,但众所周

知，近亲结婚会导致很多隐性遗传病表现出来。为了培育健康的下一代，我国现行法律特此作出了禁止近亲结婚的规定。

根据《民法典》规定，直系血亲或者三代以内的旁系血亲禁止结婚。王小军和表妹孙珊是姑表亲戚的关系，属于旁系血亲，法律是禁止结婚的。

那么，什么是直系血亲，什么是旁系血亲呢？

所谓直系血亲，是指有直接血缘关系的亲属，如父母与子女之间、祖父母与孙子女之间、外祖父母与外孙子女之间等都是直系血亲。

所谓旁系血亲，是指直系血亲以外，在血缘上和自己同出一源的亲属，如兄弟姐妹之间，表兄弟姐妹之间，自己与伯伯、叔叔、姑母、舅父、姨母之间等，都是旁系血亲。

近亲禁止结婚的范围包括哪些呢？

（1）父母和子女之间、祖父祖母和孙子孙女之间、外祖父外祖母和外孙外孙女之间，不能结婚；

（2）和自己的伯伯、叔叔、舅舅、姑姑、姨母不能结婚；

（3）和自己的亲兄弟姐妹、堂兄弟姐妹、表兄弟

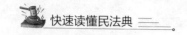

姐妹不能结婚。

至于大家常说的"远房亲戚"，一般都没有直接的血缘关系，不属于禁止结婚的近亲属范围。

法典在线

《中华人民共和国民法典》第一千零四十八条　直系血亲或者三代以内的旁系血亲禁止结婚。

未办理结婚登记的"夫妻"，分开后应返还彩礼吗？

王小强家的邻居志国因为只办了婚礼而没登记惹出了一场纠纷。志国和小梅是经媒人介绍认识的，在交往了1年后，二人按农村风俗举行了婚礼，志国给小梅买了三金，并给了小梅家2万元的彩礼钱，但未办理结婚登记。之后，二人便生活在了一起。小梅没有上班，家庭开支由志国承担。期间，小梅还以还朋友欠款为由，向志国借款1万元，并写了借条。1年多后，双方出现矛盾，感情破裂，决定分开。志国放弃索要生活费，但彩礼和借款，他要求小梅全部返还。但小梅认为，自己那时是志国的妻子，没有理由偿还彩礼和借款。真的是这样吗？

小强说法

志国和小梅按农村风俗举行婚礼后，未办理结婚登记而以夫妻名义共同生活，因此双方不属于合法的婚姻关系。我国婚姻实行登记制度，符合结婚条件的当事人未经结婚登记以夫妻名义同居的，其婚姻关系无效，不受法律保护。

据此可知，志国和小梅不属于合法的夫妻关系，即便以夫妻名义生活在一起，小梅也不是志国的合法妻子。志国不要求小梅返还共同生活期间的生活费，只要求返还彩礼和借款，是合情合理的。双方可以再次进行协商，如果协商不成，志国可以起诉小梅，要求其偿还彩礼和借款。

法典在线

《中华人民共和国民法典》第一千零四十九条　要求结婚的男女双方应当亲自到婚姻登记机关申请结婚登记。符合本法规定的，予以登记，发给结婚证。完成结婚登记，即确立婚姻关系。未办理结婚登记的，应当补办登记。

受胁迫的婚姻是无效的吗?

　　王小强的二表妹孙娜的婚姻,一直都是姑姑一家心里的疙瘩。孙娜的丈夫小恺,从小在父母的娇惯下长大,活脱脱一个公子哥,任性霸道。孙娜当年在小恺家的公司上班,小恺对孙娜一见钟情,随后对孙娜展开了强势追求。恋爱期间,两人感情很好,一直形影不离。但在交往半年后,孙娜觉得二人性格不合,提出分手。小恺非常愤怒,举刀威胁孙娜,不同意分手。孙娜迫于小恺的威胁,继续与之交往。1年后,小恺向孙娜提出了结婚的要求,虽然孙娜心里很不愿意,但小恺以死威胁,孙娜迫于无奈,只好同意与小恺结婚。

　　婚后半年,孙娜一直生活得很压抑。某次回娘家的时候,提起这件事孙娜难受得直哭。这时,王小强提醒孙娜:"像你这样被威胁而不得不缔结的婚姻在法律上是可以被撤销的。"因此孙娜向人民法院申请

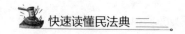

撤销婚姻，人民法院会支持孙娜的请求吗？

 小强说法

这个案例中，小恺以死胁迫孙娜与之交往并结婚，这种行为是违法的。《民法典》明确规定，婚姻当事人享有根据自己意愿缔结婚姻的自由，结婚应当男女双方完全自愿，禁止任何一方对另一方加以强迫，禁止任何组织或者个人加以干涉。因胁迫结婚的，受胁迫的一方可以向人民法院请求撤销婚姻。

被胁迫缔结的婚姻是否撤销，也是当事人的自由。如果一方在婚后已经从心里承认了与对方基于胁迫而确立的婚姻关系，并且愿意与对方继续共同生活，那么，任何人都不能强迫他们去撤销婚姻，这和前面提到的"无效婚姻"有本质的区别。

在办理撤销婚姻时需要注意这样一点，那就是必须在婚后1年之内递交撤销婚姻的申请，而且须由被胁迫一方主动提出。之所以要规定这样一个时间限制，是为了尽量维持婚姻关系的稳定性。

如果受胁迫一方自胁迫行为终止之日起超过了1年，受胁迫一方是不能申请撤销婚姻的，只能提起普通的离婚诉讼。也就是说，可撤销婚姻缔结时间只要超过1年，在法律上就会被确定为合法有效的婚姻关系。

孙娜在婚姻关系不满1年的时间内，是可以向人民法院申请撤销婚姻的。

法典在线

《中华人民共和国民法典》第一千零四十六条　结婚应当男女双方完全自愿，禁止任何一方对另一方加以强迫，禁止任何组织或者个人加以干涉。

《中华人民共和国民法典》第一千零五十二条　因胁迫结婚的，受胁迫的一方可以向人民法院请求撤销婚姻。

请求撤销婚姻的，应当自胁迫行为终止之日起一年内提出。

被非法限制人身自由的当事人请求撤销婚姻的，应当自恢复人身自由之日起一年内提出。

5 一方隐瞒了患精神疾病的情况，婚姻是否无效？

王小强最近参加了好朋友璐璐的婚礼，收获了满满的感动。璐璐和她老公小安是通过打网络游戏相识的，在网上很聊得来，于是相约见了面，随即开始了正式交往。交往半年后，二人便在当地登记结婚了，近来又举办了温馨而浪漫的婚礼。可是婚后不久，璐璐和小安竟然闹起了离婚。原来，婚后璐璐才得知，小安患有间歇性精神病，且久治不愈。璐璐又惊又怒，她认为夫妻之间应该坦诚，小安有这么严重的疾病，婚前竟然一点儿口风也不透，她感觉自己受了欺骗，立刻向小安提出了离婚。可小安不同意，璐璐不知道怎么办才好，便向朋友们哭诉。王小强告诉璐璐，她可以向人民法院提起请求撤销该婚姻。那么，隐瞒自己的疾病缔结的婚姻是无效的吗？

小强说法

原婚姻法第 7 条第 2 款规定，患有医学上认为不应当结婚的疾病应当禁止结婚，而在《民法典》禁止结婚的法定情形中不再含有这一条，但这并不意味着患有重大疾病的一方可以随意隐瞒自己的健康情况。法律保护配偶的知情权，患有重大疾病的一方有向配偶告知自己病情的义务，不如实告知的，另一方可以向人民法院请求撤销婚姻。

故事中的小安患有间歇性精神病，应该在婚前告知璐璐，如果璐璐能够接受，双方自愿结婚，法律不作干涉。可是，小安并未履行重大疾病的告知义务，欺骗了璐璐，侵害了璐璐的知情权，璐璐可以在知道或者应当知道撤销事由之日起1年内提出撤销婚姻的请求，人民法院应当予以支持。

法典在线

《中华人民共和国民法典》第一千零五十三条 一方患有重大疾病的，应当在结婚登记前如实告知另一方；不如实告知的，另一方可以向人民法院请求撤销婚姻。

请求撤销婚姻的，应当自知道或者应当知道撤销事由之日起一年内提出。

新法亮点

　　强制婚检制度已经退出了历史舞台，《民法典》不再将"患有医学上认为不应当结婚的疾病"作为禁止结婚的情形，而是规定如果隐瞒疾病，另一方可以向人民法院请求撤销婚姻，并可就此请求损害赔偿。

　　疾病不再是婚姻的阻碍，这是《民法典》的一大亮点，也是其人性化的体现，更是尊重婚姻自主权的体现。

6 夫妻一方重婚，另一方是否可以请求赔偿？

王小强的小姨陈继敏的婚姻带给了她无尽的伤痛。陈继敏与高天民是经人介绍认识的，两人交往半年后登记结婚，婚后育有一子高冬冬。后来高天民到外地发展，结识了年轻貌美的谢爽，随即在当地买了一套两居室的房子，与谢爽同居。高天民和谢爽对外一直以夫妻相称，在他们居住的小区，人们都以为高天民与谢爽是一对夫妻。

因高天民一直付给妻子陈继敏生活费，并且每年回家探亲一次，因此陈继敏3年后才发现了谢爽的存在。陈继敏痛不欲生，王小强非常心疼小姨，咨询了朋友之后，得知小姨父的行为很可能构成了重婚罪。于是，王小强鼓励小姨陈继敏以高天民犯了重婚罪为由诉至人民法院，请求损害赔偿。那么，高天民与谢爽的行为是否构成重婚罪？陈继敏请求损害赔偿的要求能得到人民法院的支持吗？

 **小强说法**

本案中，高天民与谢爽未办理结婚登记但以夫妻名义同居的行为，是否构成重婚罪呢？重婚，是指有配偶者再行结婚的行为。重婚具有两种形式：一是在前一段婚姻未解除的情况下，有配偶者又与他人登记结婚，这是法律上的重婚；二是虽未经结婚登记，但又与他人以夫妻关系同居生活，这是事实上的重婚。

高天民与谢爽长期一起生活，对外一直以夫妻相称，即事实上的重婚，已构成重婚罪。高天民自然构成重婚罪，而谢爽如果对其有配偶这一事实是知情的，也构成重婚罪，应按重婚罪定罪处罚。

重婚违反了《民法典》对婚姻中实施一夫一妻制的原则，是对配偶的极大不尊重，婚姻也是无效婚姻。对重婚导致的无效婚姻的财产处理，不得侵害合法婚姻当事人的财产权益。婚姻无效或者被撤销的，无过错方有权向人民法院起诉请求损害赔偿。据此可知，作为无过错方的陈继敏，请求损害赔偿的要求会得到人民法院支持。

法典在线

　　《中华人民共和国民法典》第一千零五十一条　有下列情形之一的，婚姻无效：

　　（一）重婚；

　　（二）有禁止结婚的亲属关系；

　　（三）未到法定婚龄。

　　《中华人民共和国民法典》第一千零五十四条　无效的或者被撤销的婚姻自始没有法律约束力，当事人不具有夫妻的权利和义务。同居期间所得的财产，由当事人协议处理；协议不成的，由人民法院根据照顾无过错方的原则判决。对重婚导致的无效婚姻的财产处理，不得侵害合法婚姻当事人的财产权益。当事人所生的子女，适用本法关于父母子女的规定。

　　婚姻无效或者被撤销的，无过错方有权请求损害赔偿。

新法亮点

　　2011 年修正的婚姻法增设了无效婚姻的制度，但对婚姻无效后相关的损害赔偿并未涉及，仅就无过错方的损害赔偿请求权限于重婚、与他人同居、家庭暴力以及虐待遗弃 4 种情形。《民法典》就无效及被撤销的婚姻中，无过错方有权请求损害赔偿进行了明确规定，符合婚姻立法保护弱者利益、制裁违法或过错方的立法精神。

和谐过**生活**，
有权有**义务**。

第
二
章

1 丈夫有权要求妻子改夫姓吗?

　　王小强的表弟陈威和亚楠是在一次朋友的生日聚会上认识的，二人第一次见面就觉得很投缘，很快便确定了恋爱关系。恋爱 1 年多，二人登记结婚并举办了盛大的婚礼。

　　可婚礼结束，二人真正共同生活在一起后，亚楠才发现陈威不像她想象的那么美好。陈威性格强势，在家里什么事情都要做主，经常指挥亚楠。最让亚楠不能忍受的一点是，陈威竟然提出让她改夫姓，亚楠对此明确表示了拒绝，她觉得男女双方在家庭生活上应当是完全平等的，陈威不应该提出这种要求。亚楠以为时间久了陈威会就此作罢，可谁知他还是经常提起这件事，似乎不达目的不罢休。陈威有权利要求妻子亚楠改夫姓吗?

每个人都享有绝对自由的姓名权。

小强说法

本案例主要涉及男女平等及姓名权的法律问题。

在男尊女卑的封建社会，夫妻双方在家庭中的地位是不平等的。但是，自从中华人民共和国成立以来，我国十分重视对妇女权益的保护，男女平等被纳入《宪法》。男女平等，主要体现在政治、经济、文化、社会和家庭生活等方面，女子享有与男子平等的权利。例如，同工同酬、就业机会平等、受教育权利平等、对政治生活的参与平等、夫妻在家庭生活中的地位平等、社会交往权利平等各个方面。

姓名是一个人区别于另一个人的重要标志。每一位自然人都享有绝对自由的姓名权，他人没有权利对此进行干涉。姓名权是自然人有权依法决定、使用、变更或许可他人使用自己的姓名的权利。夫妻双方都有各自使用自己姓名的权利，这也正是男女平等的一种体现。丈夫没有权利要求妻子随夫姓。如果双方有意愿，通过约定，妻子可以改夫姓，丈夫也可以改妻姓。但一方不可以强迫另一方改姓，这是不合法的。因此，亚楠有权利拒绝陈威的要求。

法典在线

　　《中华人民共和国民法典》第一千零五十五条　夫妻在婚姻家庭中地位平等。

　　《中华人民共和国民法典》第一千零五十六条　夫妻双方都有各自使用自己姓名的权利。

2 丈夫不让妻子婚后继续上班，是合理的吗？

王小强的大哥王小东在经历了一次父母包办的失败婚姻后，又重新找到了自己的幸福。

王小东的妻子青阳是一名芭蕾舞演员，她气质出众，在人群中总能迅速吸引他人的目光。在一个公益活动中，王小东对青阳一见钟情，并展开了热烈的追求。王小东成熟稳重、事业有成，所以青阳很快便答应做王小东的女朋友。二人在热恋半年多后，在婚姻登记处办理了结婚登记，步入了婚姻的殿堂。

可婚后，却发生了一件让青阳很痛苦的事情。青阳作为一名芭蕾舞演员，需要经常到各地演出，甚至有时候还需要出国。王小东对此不能接受，他认为青阳作为妻子应该多把心思花在家庭中，况且自己赚的钱完全可以养家，所以他要求妻子辞掉芭蕾舞演员的工作，安心在家做全职太太。可是，青阳为了成为一名优秀的舞者，从小到大经历了无比艰辛的训练，她不甘心就这样放弃。两人坚持己见，谁也说服不了谁。那么，王小东有权干涉青阳婚后的工作自由吗？

小强说法

这个案例的争议焦点是关于夫妻人身自由权的法律适用。男女平等、人身自由权是需要体现在实际生活中的，生产、工作、学习和社会活动的自由，一方不得对另一方加以限制或者干涉。在家庭中，夫妻双方的地位是平等的，不是领导与被领导的关系，应该相互尊重彼此的意愿。妻子青阳热爱跳舞、热爱工作，有参加工作的自由，即便是出于为家庭考虑，丈夫王小东也不可以强制要求妻子辞职，做全职太太。

夫妻依法享有人身自由权是双方家庭地位平等的具体体现。夫妻人身自由权具体包括：

（1）夫妻双方都享有参加生产和工作的权利，双方权利平等，反对一方干涉另一方的择业自由。

（2）夫妻双方都有学习的权利，包括正规的在校学习，各种形式的专业知识和劳动技能的职业培训，以及自学科学文化知识和提高劳动技能。每个人都有学习自由权，不因是否结婚而受影响。

（3）夫妻双方都有参加社会活动的权利，包括自由参加参政、议政活动，参加科学、技术、文化、艺术活动，参加群众组织、社会团体等活动。

需要注意的是，夫妻人身自由权的行使，并不是说鼓励夫妻双方不管不顾地去参加各种社会活动，因为夫妻除了享有人身自由权，还需要承担对未成年子女的抚养、对父母的赡养义务等。权利的行使必须与义务协调一致，还必须符合法律和道德的要求。

法典在线

《中华人民共和国民法典》第一千零五十五条　夫妻在婚姻家庭中地位平等。

《中华人民共和国民法典》第一千零五十七条　夫妻双方都有参加生产、工作、学习和社会活动的自由，一方不得对另一方加以限制或者干涉。

3 夫妻任何一方可以对子女不管不顾吗？

经过表哥王小强的普法，陈威才明白自己无权要求妻子改夫姓，这么做是违反法律规定的。陈威和亚楠结婚之初就约定，晚几年再要孩子。可是一年半后，由于避孕失败，亚楠怀孕了。陈威还完全没做好当爸爸的准备，他让亚楠打掉这个孩子。可是亚楠认为流产对身体是有伤害的，既然孩子已经怀上了，自己现在又处在最佳的生育年龄，就想把孩子生下来。这件事让陈威心里很不痛快，但是父母也都坚决不同意让儿媳去做人流，陈威也只好勉强接受大家的意见。

孩子生下来之后，亚楠为了更好地照顾家庭，暂时辞去了工作。亚楠每天忙里忙外，可是陈威什么都不管，每天下了班吃完饭就是打游戏，从不过问孩子的事情，即便是周末也不肯分担家务。亚楠心里不痛快，向陈威抱怨，可是陈威理直气壮地说："看孩子不就是当妈的事吗？我已经承担了挣钱养家的责任啊。再说了，当初不是你执意要生下孩子的吗？"陈威的想法让亚楠很受伤。陈威的这种想法对吗？

小强说法

　　夫妻双方平等享有对未成年子女抚养、教育和保护的权利，也共同承担对未成年子女抚养、教育和保护的义务。抚养，是指父母要抚养未成年子女成长，负担他们生活、学习等需要的费用。教育，是指要依照法律和道德的要求，采用科学合理的方式对未成年子女进行教导，对其错误的行为加以规束，确保其身心健康成长。保护，是指父母对未成年子女的人身安全和合法权益要予以保护，预防和排除来自外界不安全的因素，确保他们安全成长。

　　父母对未成年子女的抚养是法定的强制义务，父母不能以任何理由拒绝履行抚养义务。本案中陈威虽然不赞同妻子亚楠生下孩子，但他仍然是孩子的生父，孩子既然已经被生下来，那么，陈威作为父亲的责任和义务就不能推卸。同时，夫妻在婚姻家庭中的地位是平等的，平等地履行法律规定的权利，也需要共同承担义务。陈威认为照顾孩子完全是妈妈的事，自己在家中完全不管不顾的想法是错误的，陈威必须与亚楠一起承担起对孩子抚养、教育和保护的义务。

法典在线

　　《中华人民共和国民法典》第一千零五十八条　夫妻双方平等享有对未成年子女抚养、教育和保护的权利，共同承担对未成年子女抚养、教育和保护的义务。

4 需要扶养丧失劳动能力的配偶吗？

　　王小强的妻子乔雨最近为她小姨的事情头疼不已。乔雨的小姨刘慧云与小姨父姜旭婚后育有一子。随着儿子的渐渐长大，出于生计考虑，小姨父决定到大城市去打工，而小姨则留在家中一边照顾儿子，一边在餐厅做服务员。

　　在小姨父出去打工的第二年，他往家寄的钱越来越少，而且越来越不愿意回家了。刘慧云猜测，丈夫长期在外打工，很可能已经有了第三者。这事让刘慧云整日心事重重，一不小心出了车祸。刘慧云住院期间的手术费、住院费等都是刘慧云的父母支付的，小姨父对小姨完全不闻不问。

　　出院后，小姨的身体还需要很长一段时间来恢复，没有办法出去工作，她不但欠父母一笔钱还不上，还要继续服药进行后续的治疗。面对小姨的惨状，王小强夫妇劝小姨勇敢地拿起法律武器维护自己的合法权益。于是，刘慧云向人民法院提出起诉，要求姜旭履行扶养义务，支付其医疗费2万元，以及生活费每月3000元。那么，对于刘慧云的诉讼请求，人民法院会予以支持吗？

小强说法

这个案例涉及婚姻中夫妻扶养义务的法律问题。我国法律规定，男女双方享有同等的就业权利。因此，除非因特殊情况，夫妻之间一般不发生相互扶养的情况。即使有些家庭中夫妻一方在外就业，另一方操持家务，收入由双方共同使用，这也只是夫妻之间的一种约定，是双方对家庭、事业等方面事务所作的分工，不存在所谓的夫妻相互扶养问题。

履行夫妻互相扶养的义务通常是在夫妻一方暂时或较长时间丧失就业或谋生能力，而另一方具有一定的扶养能力的时候发生的。在这个案例中，刘慧云因车祸受了重伤，一定时间内丧失了工作能力，而姜旭有工作能力，据此，姜旭应履行扶养妻子的义务。综上，刘慧云的诉讼请求，人民法院会予以支持，同时，针对支付扶养费用的具体数额，人民法院应根据刘慧云的实际需要、姜旭的实际经济能力，以及结合参照当地居民的平均生活水平来确定。

法典在线

《中华人民共和国民法典》第一千零五十九条　夫妻有相互扶养的义务。

需要扶养的一方，在另一方不履行扶养义务时，有要求其给付扶养费的权利。

5 儿女可以把父亲的遗产都分光，不给母亲留吗？

　　王小强的母亲陈继红最近遇到一件非常烦恼的事。陈继红与王小强的父亲王大山离异之后，与郝建华重新组建了家庭，婚后育有一子一女。郝建华心脏不好，所以平日里一直都吃着药控制。一天早上，陈继红出门去买早点，回来之后发现丈夫躺在了地板上，已经没有气息。

　　郝建华骤然离世，没有留下遗嘱。办完丧事后，陈继红的两个儿女就开始商量着分割父亲的遗产，并拟定了一份遗产分割方案。两个孩子认为母亲年事已高，需要和儿女同住，并且生活花销也不高，并未在遗产分割中约定母亲的继承份额，仅就兄妹两人如何分割父亲遗产做了份额约定。但陈继红并不想和儿女一起生活，更不想以后的花销都依靠孩子。那么陈继红该怎么办呢？她能不能继承一部分丈夫的遗产呢？

小强说法

遗产继承分遗嘱继承和法定继承。如果死者生前未立遗嘱，则按照法定继承来处理遗产。遗产按照下列顺序继承：第一顺序为配偶、子女、父母。第二顺序为兄弟姐妹、祖父母、外祖父母。继承开始后，由第一顺序继承人继承，第二顺序继承人不继承。没有第一顺序继承人继承的，由第二顺序继承人继承。这里所说的子女，包括婚生子女、非婚生子女、养子女和有扶养关系的继子女。这里所说的父母，包括生父母、养父母和有扶养关系的继父母。这里所说的兄弟姐妹，包括同父母的兄弟姐妹、同父异母或者同母异父的兄弟姐妹、养兄弟姐妹、有扶养关系的继兄弟姐妹。

按照法律规定，陈继红和她的子女均是郝建华遗产的第一顺序的继承人，都一样有权利继承遗产。陈继红的子女不得以任何理由剥夺陈继红继承遗产的权利。陈继红可将相关法律告知子女，并要求其分割一份财产给自己，如果儿女们依然我行我素，陈继红可以到人民法院起诉她的儿女们，以维护自身的合法权益。

法典在线

　　《中华人民共和国民法典》第一千零六十一条　夫妻有相互继承遗产的权利。

6 丈夫投资所获得的分红属于夫妻共同财产吗?

　　王小强的堂妹王小星离婚后,又嫁给了一位商人,王小星非常信任他。王小星在工作中结识了张女士,张女士正在打离婚官司。张女士一直将财产交给丈夫打理,并且没有签署任何协议,而现在离婚了,却陷入了理不清的财产纠纷之中。看着头疼不已的张女士,王小星也暗自反省了自己的婚姻生活,她认为理清夫妻之间的财产、债务问题,是非常有必要的。

　　在财产统计过程中,王小星对丈夫的一项投资分红是否属于夫妻共同财产存在疑惑。丈夫在婚后,向朋友创办的一家公司投资了 400 万元,并享有该公司 20％的股份。公司成立后,效益一直都不错,在 2 年间,每年都能获得一大笔分红。王小星觉得这是丈夫结婚后得到的分红,虽然股份登记在丈夫名下,但也应该属于夫妻共同财产。那么这部分是否属于夫妻共同财产呢?

小强说法

本案例涉及的是夫妻共同财产的法律问题。夫妻共同财产，是指夫妻在婚姻关系存续期间，一方或双方取得，依法由夫妻双方共同享有所有权的共有关系。它不是单指某种财产，而是指一种夫妻财产制度，以及在该种财产制度下财产所有人的权利义务关系。

夫妻共同财产的法律特征是：

（1）夫妻共同财产的发生以夫妻关系缔结为前提；

（2）夫妻共同财产的权利主体是夫妻二人；

（3）夫妻共同财产的来源为夫妻双方或一方的婚后所得；

（4）夫妻共同财产的性质为共同共有。

《民法典》规定只要是夫妻双方在夫妻关系存续期间的劳动所得，生产、经营、投资的收益，知识产权的收益，共同受赠、继承的财产以及其他应当归共同所有的财产都是夫妻共同财产。本案例投资分红产生于夫妻关系存续期间，属于夫妻共同财产。

法典在线

《中华人民共和国民法典》第一千零六十二条　夫妻在婚姻关系存续期间所得的下列财产，为夫妻的共同财产，归夫妻共同所有：

（一）工资、奖金、劳务报酬；

（二）生产、经营、投资的收益；

（三）知识产权的收益；

（四）继承或者受赠的财产，但是本法第一千零六十三条第三项规定的除外；

（五）其他应当归共同所有的财产。

夫妻对共同财产，有平等的处理权。

新法亮点

随着社会的发展进步，人们取得收入的方式越来越多，还有越来越多的人选择自由职业。原婚姻法对共同财产的规定，显然不能将收入情形涵盖完全。《民法典》对此进行了补充，增设了"劳务报酬"和"投资收益"两项收入，扩大了夫妻共同财产的范围，更好地保障了家庭财产权益。

7 父母的遗产是不是夫妻一方的个人财产？

　　王小强和乔雨是大学同学，因为共同爱好而走到了一起。毕业后，他们到同一所城市一起打拼。事业稳定后两人携手步入了婚姻殿堂。

　　王小强的母亲陈继红离过婚，深深知道离婚时因为财产而闹纠纷，有多么让人头疼。所以陈继红主张王小强和妻子进行夫妻财产约定，以保护好自己的个人财产。王小强虽然是个孝顺儿子，也知道母亲的建议是一片好心，但他不想和妻子分得这么清楚，怕这么做会伤害夫妻感情，而且他也坚信两人不会离婚，所以并没有按照母亲的说法去做。王小强的母亲见说不动儿子，为了以防万一，她立了一份遗嘱，指明自己去世后，遗产由儿子王小强继承。

　　后来，王小强的母亲因病去世，留下了一笔遗产。乔雨心里有了一个疑问，这笔遗产是属于他们夫妻的共同财产，还是丈夫的个人财产呢？

小强说法

夫妻个人财产，是指夫妻双方在婚前各自所有的财产和其他夫妻个人的特有财产。夫妻特有财产，也称夫妻保留财产，是指夫妻在实行共同财产制的同时，依照法律规定或夫妻约定，夫妻各自保留的一定范围的个人所有财产。案例中，乔雨的疑问并不难解答，关于个人财产的界定，《民法典》作出了明确规定，其中遗嘱或者赠与合同中确定只归一方的财产属于夫妻个人财产。陈继红所立遗嘱中指定继承人为王小强，所以这份遗嘱所包含的财产属于王小强的个人财产。

陈继红提到的夫妻签订的财产约定协议，是指夫妻之间在婚内，就婚前财产和婚姻关系存续期间所得财产的归属、管理、使用、收益、处分及债务清偿，对所属和分割达成的协议。协议双方必须符合以下条件：

（1）双方具有完全民事行为能力；

（2）双方必须完全自愿，即夫妻双方对约定内容的意思表示必须真实自愿；

（3）协议内容不得违反法律和公序良俗；

（4）婚姻关系必须是合法有效的；

（5）约定的形式应采用书面形式，即书面协议。

约定只有符合了上述法定条件，才具备法律效力。

夫妻财产约定是建立在互信互让的基础之上的，这样做有利于保障夫妻双方的合法权益，如果发生婚姻和情感变故，双方也可以理性地处理财产纠纷，避免因财产分割无法达成共识而产生纠纷。

法典在线

《中华人民共和国民法典》第一千零六十三条　下列财产为夫妻一方的个人财产：

（一）一方的婚前财产；

（二）一方因受到人身损害获得的赔偿或者补偿；

（三）遗嘱或者赠与合同中确定只归一方的财产；

（四）一方专用的生活用品；

（五）其他应当归一方的财产。

《中华人民共和国民法典》第一千零六十五条　男女双方可以约定婚姻关系存续期间所得的财产

以及婚前财产归各自所有、共同所有或者部分各自所有、部分共同所有。约定应当采用书面形式。没有约定或者约定不明确的，适用本法第一千零六十二条、第一千零六十三条的规定。

夫妻对婚姻关系存续期间所得的财产以及婚前财产的约定，对双方具有法律约束力。

夫妻对婚姻关系存续期间所得的财产约定归各自所有，夫或者妻一方对外所负的债务，相对人知道该约定的，以夫或者妻一方的个人财产清偿。

8 婚内单方举债，钱要夫妻一起还吗？

　　王小强的二表妹孙娜在结束了第一段失败的婚姻后，通过相亲认识了建党。孙娜见建党性格沉稳，事业稳定，就嫁给了他。婚后他们生下了一个女儿，为了更好地照顾家庭，孙娜就没有再出去工作。哪知随着女儿不断长大，建党却越发荒唐。他经常不着家，也不及时提供生活费，不仅如此，之后还经常有人上门讨债。

　　让孙娜疑惑的是，丈夫的公司一直经营稳定，怎么会突然债台高筑了呢？在多方打听之下，孙娜才得知丈夫近两年开始沉迷赌博，因而欠下诸多债务。事情败露后，孙娜提出了离婚，但是建党请求说，自己一定会痛改前非。孙娜愿意给建党一次机会，但是为了她和女儿今后的生活能有保障，她决定理清家中现有财产状况。孙娜发现，家中的房子和车子都是建党婚前购买的，属于他的个人财产，只有公司的经营收入属于夫妻共同财产。最重要的是，建党欠下的债务是不是夫妻的共同债务呢？孙娜所面临的困境应如何解决呢？

小强说法

本案例涉及婚姻存续期间夫妻共同债务的法律问题。首先夫妻共同债务，是指夫妻双方共同签名或者夫妻一方事后追认等共同意思表示所负的债务，以及夫妻一方在婚姻关系存续期间以个人名义为家庭日常生活需要所负的债务。本案中建党因赌博欠下的债务，不是婚姻关系存续期间为家庭日常生活需要所负的债务，以个人名义超出家庭日常生活需要所负的债务，不属于夫妻共同债务，因此与孙娜无关。所以，这笔债务需要建党自行偿还。

同时，想要解决孙娜面临的财产问题，可以通过签署夫妻财产分割协议的方式，拟定一份夫妻财产约定协议。具体条款由夫妻共同商量，但必须建立在双方自愿的基础上。

法典在线

《中华人民共和国民法典》第一千零六十四条　夫妻双方共同签名或者夫妻一方事后追认等共同意思表示所负的债务，以及夫妻一方在婚姻关系存续期间以个人名义为家庭日常生活需要所负的债务，属于夫妻共同债务。

夫妻一方在婚姻关系存续期间以个人名义超出家庭日常生活需要所负的债务，不属于夫妻共同债务；但是，债权人能够证明该债务用于夫妻共同生活、共同生产经营或者基于夫妻双方共同意思表示的除外。

新法亮点

近些年来，夫妻一方在离婚后就背上了巨额债务的报道并不鲜见，在社会上引起了极大反响。过去的婚姻法，由于过度注重对债权人的保护，在司法实践中导致大量不公平的现象出现。《民法典》明确了夫妻共同债务的范围，强化了债权人的举证责任，对家庭和弱势群体实施倾斜性的保护，充分体现了《民法典》的人文关怀，同时也有利于夫妻关系朝着更加平等的方向发展。

9 丈夫大肆挥霍共同财产，妻子可以请求婚内分割财产吗？

王小强的表妹卫桃在一次旅行途中与强子结实，二人很快坠入爱河并结婚。可是，婚后卫桃才发现，强子根本像个没长大的孩子，贪玩任性，对自家的生意也不上心，工作起来是三天打鱼，两天晒网。所幸强子的本性不坏，卫桃虽然对婚后的生活不是很满意，可也愿意慢慢去改变强子。哪知强子变本加厉，经常出入高档场所大肆挥霍不说，近来还染上了赌瘾，有时候一晚上就能输几十万。卫桃再也无法忍受强子这样的生活方式了，她担心有一天整个家都会被强子败光，她想请求人民法院在婚内分割夫妻的共同财产，不离婚卫桃可以向人民法院提出分割财产的请求吗？

小强说法

本案例涉及婚内分割夫妻共同财产请求权的法律适用。婚内共同财产分割，是指在不解除婚姻关系的前提下对夫妻共同财产进行分割的一项制度。一般来说，夫妻一方想要分割共同财产，必须以提起离婚诉讼为前提。但是如果存在紧急情况，为了保护夫妻关系中处于弱势一方的合法权益，可以在夫妻关系存续期间进行财产分割。主要适用于2种情形：

（1）夫妻一方的行为严重损害了夫妻共同财产利益。

（2）一方负有法定扶养义务的人患重大疾病需要医治，另一方不同意支付相关医疗费用。

该请求权限于夫妻双方。夫妻双方对共同财产享有平等的所有权和处理权，所以当夫妻一方有了上述情形之一时，在维持婚姻关系的前提下，法律也会为另一方的合法权益保驾护航。

本案中强子挥霍夫妻的共同财产并有赌博恶习，符合法律规定的第一种情形，卫桃在婚姻关系存续期间可以请求人民法院分割夫妻的共同财产，但需对强子存在法律规定的两种情形负有举证责任。

法典在线

《中华人民共和国民法典》第一千零六十
条　婚姻关系存续期间，有下列情形之一的，夫妻一
方可以向人民法院请求分割共同财产：

（一）一方有隐藏、转移、变卖、毁损、挥霍夫
妻共同财产或者伪造夫妻共同债务等严重损害夫妻共
同财产利益的行为；

（二）一方负有法定扶养义务的人患重大疾病需
要医治，另一方不同意支付相关医疗费用。

新法亮点

原婚姻法的司法解释规定"婚姻关系存续期间，夫
妻一方请求分割共同财产的，人民法院不予支持，但有
下列重大理由且不损害债权人利益的除外"，即原则上
是不同意婚姻关系存续期间分割夫妻共同财产的。《民
法典》在吸纳了上述司法解释的规定上作出新的规定，
只要出现法定情形，可以直接分割共同财产。

在夫妻婚姻关系存续期间，双方的共同财产在法
律上是共有关系，一般不解除婚姻关系，无法起诉分
割夫妻共同财产。但在司法实践中，确实存在一些侵

害夫妻共同财产的行为。因此，为了尽可能减少财产损失，提倡中华民族美德，负起法定的扶养义务，必须以法律的形式赋予一方婚内分割财产的权利。

老幼**病弱**，
扶养**有责**。

第
三
章

1 人工授精所生的孩子由谁来抚养？

通过王小强普及法律知识和家人的耐心规劝，王小军终于明白了近亲结婚的危害，后经过相亲认识了妻子陶雅，王小军和妻子陶雅的感情一直很好，唯一的遗憾是没有孩子。经过多年的看诊，均未治愈。于是，夫妻二人决定走人工授精之路，通过人工受孕的方式生下一个健康的宝宝，取名康康。

可惜天不遂人愿，因为各种家庭矛盾，陶雅以夫妻感情破裂为由，向基层人民法院提起诉讼离婚。王小军表示同意离婚，但就康康的抚养问题，二人无法达成共识。陶雅请求孩子归自己抚养，王小军每月支付抚养费。但王小军认为，康康与自己没有血缘关系，因此，他不应该负担抚养费用。那么，对于王小军的主张，人民法院会予以支持吗？

小强说法

这个案例涉及的是人工授精子女抚养纠纷问题。

在婚姻关系存续期间，双方一致同意进行人工授精所生的子女应视为夫妻双方的婚生子女，父母与子女之间的权利义务关系适用《民法典》的有关规定。采用人工授精方式所生下的子女是其父母协商一致的最终结果，从因果关系上分析，孩子没有任何过错，因此也不应由于生命来源方式特殊，就遭受歧视、虐待甚至遗弃。所以，进行人工授精的父母就是人工授精子女法律上的父母，应按照法律规定享受父母的权利，也承担父母的义务。

采用人工授精的方式，王小军是完全知情的，也是完全同意的。孩子出生后，二人共同抚养孩子多年，不能因为离婚，不再承担孩子的抚养义务。因此，王小军以孩子和自己没有血缘关系而拒绝支付抚养费的理由不成立，人民法院应当不予支持。无论人工授精所生子女随哪一方生活，父母对子女都有抚养教育的义务。如果最后判定康康跟随母亲生活，那么王小军就有义务支付孩子的抚养费，直至孩子成年。

法典在线

　　《中华人民共和国民法典》第一千零六十七条　父母不履行抚养义务的，未成年子女或者不能独立生活的成年子女，有要求父母给付抚养费的权利。

　　成年子女不履行赡养义务的，缺乏劳动能力或者生活困难的父母，有要求成年子女给付赡养费的权利。

2 嫁出去的女儿就不需要赡养父母了吗？

王小强的爷爷王振国和奶奶赵淑芳共养育了 3 个子女，分别是大山、大林和楚楚。老两口年老后，大山、大林每个月都会给父母固定数量的生活费。王振国去世后，考虑到母亲年事已高，不再适合独自居住，大山、大林便签订了一份赡养协议，赵淑芳轮流在大山、大林家居住，一家住半年。

起初，这样的安排大家都满意。可是后来赵淑芳患上了严重的心脏病，数次进入医院，还进行了一次手术，花费了不少医药费。偏偏这一年大林的妻子也患病了，处处都需要用钱。大林便把妹妹找来，希望妹妹可以出一部分母亲的医药费。赵淑芳也要求医药费由三个子女共同承担。可是妹妹认为赡养协议已经签订好了，而且自己已经嫁出去了，不需要承担医药费。于是，大林将楚楚起诉至人民法院，要求她承担一部分母亲的医药费。嫁出去的女儿就不需要赡养父母了吗？

小强说法

尊老爱幼是中华民族的传统美德，赡养父母是每一个儿女的责任，绝不可互相推诿、规避责任。在多子女的家庭，在尊重父母意愿的前提下，子女之间签订分工赡养父母的协议是合情合理的，法律上也是允许的。老年人权益保障法第20条规定，经老年人同意，赡养人之间可以就履行赡养义务签订协议。赡养协议的内容不得违反法律的规定和老年人的意愿。这条法律就是为了防止赡养人通过协议来规避责任，或是不尊重老人的意愿。

但在现实生活中，很多家庭仍受传统思想的影响，认为出嫁女无赡养父母的义务。所以在签订赡养协议时，就有可能人为地将女儿的赡养义务免除。然而，从法律层面上来讲，成年子女均有赡养父母的义务，女儿无论出嫁与否都对父母存在法律上的赡养义务。

本案中的赡养协议人为地免除了女儿楚楚的赡养责任，应属无效约定。赡养协议不能免除任何一方的赡养义务，楚楚也应承担照顾母亲、给付医疗费的义务，大林要求楚楚承担一部分母亲的医药费是合情合理的。

法典在线

《中华人民共和国民法典》第一千零六十七条　父母不履行抚养义务的，未成年子女或者不能独立生活的成年子女，有要求父母给付抚养费的权利。

成年子女不履行赡养义务的，缺乏劳动能力或者生活困难的父母，有要求成年子女给付赡养费的权利。

3 孩子损坏了他人物品，父母要不要负责任？

　　王小强的表妹孙珊在丈夫去世后，独自抚养儿子小谦。小谦越大越淘气。一天傍晚，小谦放学后看见小区的路边停着一辆汽车，车旁边有个小铁棍，他突然起了恶作剧的心思，在车身上划出了两道长长的划痕。小谦还嫌不过瘾，又把这辆车的车灯损坏了。正当小谦得意扬扬地要离去之时，车主王先生正好过来了。王先生愤怒地指责小谦随意损坏他人物品，并跟着小谦去他家见了小谦的父母，要求赔偿。孙珊认为孩子还小，不懂事，打算赔500元给王先生了事。王先生觉得荒谬至极，500元根本不够修理费，孙珊的态度也让他很生气。于是，王先生一气之下便把孙珊告上了法庭，要求赔偿汽车修理费3000元。那么，孩子损坏了他人物品，父母要不要负责任？

小强说法

本案例涉及父母对未成年子女的教育和保护义务，未成年人的心智发育还不健全，时不时就会发生不小心伤害到别人或者不小心损坏别人物品的事件。未成年人不能对自己的行为负责，那么谁来弥补受害人的损失呢？

首先，就未成年子女而言，父母的监护是以教育、保护、抚育未成年子女为中心的。但是法律在赋予父母教育、保护和抚育未成年人权利的同时，也规定了未成年子女造成他人损害时，父母应承担的责任和义务。

故事中的小谦一时心血来潮，故意损坏他人车辆，以他的心智水平可能意识不到自己的举动会给受害人带来多少麻烦和损失，但这个行为也反映出家长对孩子缺乏管教。这件事情发生后，孙珊作为监护人并未重视，也表明了她未尽监护人的教育责任。保护、教育未成年子女是基于抚养的需要，履行赔偿的义务是出于社会道德的要求和法律的规定，孙珊对王先生的损失应当承担赔偿责任。

法典在线

《中华人民共和国民法典》第一千零六十八条　父母有教育、保护未成年子女的权利和义务。未成年子女造成他人损害的，父母应当依法承担民事责任。

独身老人有开始一段"黄昏恋"的自由吗?

　　陆蔓是王小强的继母,她闺蜜团里的张阿姨被儿子气得病倒了,陆蔓经常去探望。

　　张阿姨的丈夫在她儿子6岁那年出车祸去世了,之后张阿姨便独自抚养儿子长大。这么多年,张阿姨因为怕孩子受委屈,一直未再嫁。儿子成家立业后,便把张阿姨接过来一起居住。可因为两代人观念不同,家中矛盾不断。为了生活安宁,张阿姨搬回老房子居住。

　　由于生活孤独,张阿姨便经常到公园里去学习打太极拳。在这里,张阿姨结识了丧偶的石大爷。两个孤独的老人经常一起聊聊天、练练太极拳,渐渐地,就有了感情,并产生了再婚的想法。

　　可是,当张阿姨将自己的想法告诉儿子后,儿子完全不能接受。他认为母亲都一大把年纪了,还再婚,简直"老不正经"。张阿姨又气又羞,一下子病倒了。那么,张阿姨的儿子是否有权阻止其再婚呢?

小强说法

　　本案例涉及的是保护和实现老年人婚姻自由问题。随着社会的发展，中国的人口老龄化问题越来越突出。随着丧偶老年人的数量不断增多，其再婚问题已经成为社会焦点问题。丧偶的老年人也有情感和交流的需求，他们非常愿意走出孤独的单身生活，然而子女的阻拦，却让他们的"黄昏恋"无法修成正果。

　　老年人再婚受阻挠的原因是较为复杂的，但其中很重要的一点是因为受传统观念的影响。婚姻自由是《民法典》关于婚姻家庭基本的原则，由结婚自由和离婚自由两个方面共同构成。任何人都有权根据个人意愿决定自己的婚姻，任何人不得强制和干涉。需要特别注意的是，婚姻自由的主体不单单指青年人，中老年人一样享有婚姻自由。子女应该与时俱进、改变观念，不能视老年人再婚为耻。因此，张阿姨的儿子无权干涉她的婚姻自由。

法典在线

《中华人民共和国民法典》第一千零六十九条　子女应当尊重父母的婚姻权利，不得干涉父母离婚、再婚以及婚后的生活。子女对父母的赡养义务，不因父母的婚姻关系变化而终止。

5. 私生子享有继承权吗?

　　王小强的二爷爷王振威育有三子,长子王常亮,次子王常青,三子王常明。其中二儿子王常青是一家大饭店的老板,家庭条件最为优越。王常青和妻子杨燕梅共育有两子,大儿子已经结婚,小儿子还在上大学。某日,王常青突发急症,骤然离世。王常青的家人怀着悲痛的心情处理了王常青的后事,并对王常青留下的遗产进行了分割。正当事情顺利进行之时,一位年轻的女子于某突然找上门来,提出也要分割王常青的一部分遗产。

　　原来,王常青生前和于某一直保持同居关系,于某和王常青也育有一子,于某认为自己的儿子也应当有权继承王长青的财产。王常青的家人认为私生子是没有权利继承遗产的。正当于某要将此事诉讼至人民法院之时,于某的孩子却因病去世了。那么,于某的孩子有没有继承权? 这桩纠纷应该怎样解决呢?

小强说法

这个案例涉及非婚生子女的遗产继承权。我国法律规定非婚生子女享有与婚生子女同等的权利，任何组织或者个人不得加以危害和歧视。

法律对非婚生子女的保护具体体现在以下几个方面：

（1）不得歧视和危害非婚生子女；

（2）非婚生子女的生父和生母应负担起子女的抚养义务，不直接抚养非婚生子女的生父或者生母，应当负担未成年子女或者不能独立生活的成年子女的抚养费；

（3）非婚生子女与生父母之间有相互继承遗产的权利。

据此，于某的儿子是有权利继承王常青的遗产的，即使其已经死亡，其权利也不能够被剥夺。所以，在对王常青的遗产进行分割时，应该保留王常青的非婚生子的份额。因为这个孩子已经死亡，那么根据法律的规定，本应由其继承的遗产份额，就应由其母亲于某来继承。

法典在线

《中华人民共和国民法典》第一千零七十条　父母和子女有相互继承遗产的权利。

《中华人民共和国民法典》第一千零七十一条　非婚生子女享有与婚生子女同等的权利，任何组织或者个人不得加以危害和歧视。

不直接抚养非婚生子女的生父或者生母，应当负担未成年子女或者不能独立生活的成年子女的抚养费。

6 同居后生下的子女的权利如何保障?

王小强的同事俊杰对自己的女儿总是疏于照顾,王小强规劝过他很多次,他都不放在心上,结果最近他被女儿的妈妈起诉了。

俊杰与思思恋爱8个月后,开始了同居生活,一直未办理结婚登记手续。2年后,思思怀孕了,生下了一对双胞胎女儿。两个孩子出生后,因为生活压力大,俊杰与思思经常争吵,感情出现危机。又过了2年,两人通过人民法院调解解除同居关系,大女儿由父亲俊杰抚养,小女儿由思思抚养。不久,俊杰又新交了一个女朋友,因为忙于恋爱对大女儿疏于照顾。思思心疼不已,她找到俊杰,想要把大女儿要回来,并要求俊杰每月支付抚养费。但俊杰不同意,他认为孩子已经判给自己了,自己想怎么养怎么养,别人无权干涉。于是,思思一气之下向人民法院提出起诉,请求人民法院将大女儿判给自己抚养，同时要求俊杰支付女儿的抚养费。那么，对于俊杰与思思所生的非婚生子女，他们与婚生子女拥有同样的权利吗？人民法院会支持思思的请求吗？

小强说法

这个案例涉及非婚生子女的权利问题。按照法律规定，想要结婚的男女双方应当亲自到婚姻登记机关申请结婚登记。如果不办理结婚登记就在一起生活的，被称为同居关系。同居关系虽然不受法律保护，但同居期间生育的子女享有与婚生子女同等的权利，父母负有抚养、教育的义务，不办理结婚登记，并不能省去抚养子女的责任和义务。

本案中，俊杰对两个非婚生女儿均有抚养的义务。在他对大女儿疏于照顾的情况下，母亲思思提出抚养大女儿是合情合理的，俊杰有义务支付2个女儿的部分抚养费，直至她们能独立生活为止。因此，思思的诉讼请求，应当得到人民法院的支持。

法典在线

《中华人民共和国民法典》第一千零七十一条　非婚生子女享有与婚生子女同等的权利，任何组织或者个人不得加以危害和歧视。

不直接抚养非婚生子女的生父或者生母，应当负担未成年子女或者不能独立生活的成年子女的抚养费。

7 继子女对继父母有赡养义务吗?

　　王小强的表妹孙珊在丈夫去世8年后,带着儿子小谦同老何重新组建了家庭。老何也是再婚,有一儿一女涛涛和燕燕,他们一起组成了五口之家。孩子们长大后,就纷纷外出打工了。老何去世之后,孙珊患上了腰椎间盘突出,腰痛难忍,无法再从事任何工作,只能在家中休养,一直是儿子小谦在赡养孙珊。祸不单行,小谦在一次意外中丧命,孙珊年事已高,又疾病缠身,没有任何经济来源,生活非常困难。继子女涛涛和燕燕,以孙珊不是他们的生母为由,拒绝承担照顾孙珊的义务。于是,孙珊将继子和继女告上了法庭,要求他们支付赡养费。那么,继子女对继父母有赡养义务吗?

小强说法

　　本案涉及继子女对继父母承担赡养义务的法律问

题。所谓继父母，是指子女对母亲或父亲的后婚配偶，即子女生母之后夫或生父之后妻，称继父或继母。继子女，通常指配偶中的一方对另一方与前配偶所生子女，即夫与前妻或妻与前夫所生的子女。继父母与继子女关系产生的原因主要是，由于生父母一方死亡，另一方再行结婚，或生父母离婚后，另行再婚而形成的。而继父母、继子女间是否具有法律规定的父母子女间的权利义务关系，取决于他们之间是否形成抚养教育关系这一客观事实。养育之恩的情义是无价的，对于受过继父母抚养和教育的继子女来说，既然继父母从小养育了自己，在继父母年老之时，就要真诚地承担起赡养义务。赡养老人是中华民族的传统美德，对待继父母也要像对待亲生父母一样。

故事中的涛涛和燕燕跟随父亲老何与孙珊一起生活多年，孙珊也承担起了抚养教育继子女的义务，所以涛涛和燕燕对孙珊负有赡养义务。现在孙珊年事已高，疾病缠身，丧失了生活来源，而涛涛和燕燕已经成年，具有赡养能力。所以，涛涛和燕燕应该承担起对孙珊的赡养义务。

法典在线

　　《中华人民共和国民法典》第一千零六十七条　父母不履行抚养义务的，未成年子女或者不能独立生活的成年子女，有要求父母给付抚养费的权利。

　　成年子女不履行赡养义务的，缺乏劳动能力或者生活困难的父母，有要求成年子女给付赡养费的权利。

　　《中华人民共和国民法典》第一千零七十二条　继父母与继子女间，不得虐待或者歧视。

　　继父或者继母和受其抚养教育的继子女间的权利义务关系，适用本法关于父母子女关系的规定。

怀疑孩子非亲生，可以请求人民法院确认亲子关系吗？

　　王小强的表弟高冬冬与妻子赵瑗育有一女，一家三口其乐融融。可是最近，因为朋友的一句玩笑话，让高冬冬猛然发现，女儿真的和自己长得一点儿也不像。自此，高冬冬心里就埋下了一颗怀疑的种子。

　　这天，女儿的钢琴老师照例来家里教女儿弹钢琴，看着女儿和钢琴老师一起认真弹钢琴的样子，高冬冬猛然发现，女儿的脸型和嘴巴与钢琴老师如出一辙。想到赵瑗与这位钢琴老师是大学同学，当初还是赵瑗强烈建议这位老同学来家里教女儿弹钢琴的，高冬冬的心瞬间凉了半截。钢琴老师走后，高冬冬愤怒地质问妻子是不是和钢琴老师有不正当的男女关系，但是赵瑗死不承认，坚持说孩子就是高冬冬的。但事后，高冬冬从赵瑗和钢琴老师的微信聊天记录里面发现了赵瑗提到孩子生父是钢琴老师的证据，并拍了照。高冬冬提出要带女儿去做亲子鉴定，但是赵瑗坚决不同意。在这种情况下，高冬冬可以请求人民法院确认亲子关系吗？如果孩子真不是高冬冬亲生的，高冬冬可以要求离婚并返还抚养费吗？

小强说法

本案例涉及确定亲子关系的法律适用问题。夫妻一方对亲子关系有异议且有正当理由的，可以向人民法院提起亲子关系确认或否认之诉，以明确亲子关系，保障自己的正当权益。本案例中通过长相及微信聊天记录，高冬冬有理由怀疑女儿和自己的亲子关系，他可以向人民法院提起诉讼，请求人民法院确认亲子关系。

男女双方结婚后，生下的孩子的生父不是丈夫，而是另有其人，这种情况属于妻子违反夫妻间互相忠诚、互相尊重的义务，对丈夫的感情造成严重伤害，可以认定夫妻感情破裂。高冬冬可以向人民法院提起离婚之诉。

在婚姻关系存续期间，如果孩子和父亲确定没有亲子关系，男方的经济和精神均会受到严重的损失，故可以要求返还履行本不存在的抚养义务期间所付出的财物。但由于抚养行为发生在夫妻共同生活期间，所付出的财物可能难以具体计算，所以具体情况还要根据人民法院的斟酌裁定。但男方作为无过错方，可以要求精神损失赔偿。

法典在线

《中华人民共和国民法典》第一千零七十三条　对亲子关系有异议且有正当理由的，父或者母可以向人民法院提起诉讼，请求确认或者否认亲子关系。

对亲子关系有异议且有正当理由的，成年子女可以向人民法院提起诉讼，请求确认亲子关系。

新法亮点

《民法典》实施前，如果需要确认亲子关系，需要夫妻一方向人民法院提起确认亲子关系之诉，限定了确认亲子关系须为夫妻一方。《民法典》顺应时代要求，对该问题重新作了调整，首先，将夫妻一方扩大到父或母，保证了非婚生子女的权利。其次，明确限制成年子女提起亲子关系否认之诉，有助于避免成年子女借诉讼逃避赡养义务，这一限制更好地维护了各方当事人权利义务的公平对等。

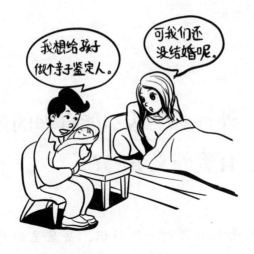

9 外孙对生活不能自理的外婆
有赡养义务吗?

　　岳呈呈是王小强的一位旧识，岳呈呈的外婆肖婆婆今年75岁，老伴儿很早就去世了，肖婆婆在独生女儿何兰因车祸过世后独自一人生活。现如今肖婆婆的身体越来越不好，腿脚也不灵便，不再适合独自一人居住，而唯一对肖婆婆有赡养义务的人就是何兰的儿子岳呈呈。岳呈呈小的时候，肖婆婆曾照看过他2年时间，现在岳呈呈大学毕业参加工作，收入稳定。肖婆婆便给岳呈呈打电话，提出想和他一起生活，但被岳呈呈拒绝了。随后，肖婆婆在邻居的帮助下，向人民法院提起诉讼，要求外孙岳呈呈支付自己赡养费。那么，肖婆婆的主张能够得到人民法院的支持吗?

小强说法

　　本案主要涉及孙子女、外孙子女对祖父母、外祖父母是否有赡养义务的法律问题。我国是一个尊崇孝道的国家，所谓孝道，从狭义上理解指的是子女对父母的赡养义务，从广义上来说还应当包括晚辈对长辈的赡养义务。在我国，由于父母离异或是父母外出务工等原因，很多孙子女、外孙子女都是在祖父母、外祖父母的抚养下长大的。通常来说，子女一般承担父母的赡养义务，但在特殊情况下，有负担能力的孙子女、外孙子女对祖父母、外祖父母，也有赡养的义务。只不过这种赡养义务是有条件的：

（1）孙子女、外孙子女有负担能力；

（2）祖父母、外祖父母的子女已经死亡或者子女无力赡养，且本人需要赡养。

本案中，肖婆婆的独女何兰因车祸去世，外孙岳呈呈是她唯一可以依靠的亲人，而岳呈呈工作稳定，有一定的负担能力，据此，肖婆婆可以要求外孙岳呈呈支付赡养费。

法典在线

《中华人民共和国民法典》第一千零七十四条　有负担能力的祖父母、外祖父母，对于父母已经死亡或者父母无力抚养的未成年孙子女、外孙子女，有抚养的义务。

有负担能力的孙子女、外孙子女，对于子女已经死亡或者子女无力赡养的祖父母、外祖父母，有赡养的义务。

10 父母去世后，哥哥有抚养妹妹长大的义务吗？

李阿姨是王小强的邻居，丈夫去世后李阿姨含辛茹苦地抚养一儿一女长大。近期，李阿姨查出自己得了肺癌，已经是晚期，留在世上的时日无多了。如今，她的大儿子一辉事业有成、婚姻美满，没什么可让李阿姨操心的了。可是，她的小女儿小雅如今才上初中，她很担心自己去世后，小雅没有人照顾。于是，李阿姨便把儿子叫来，希望自己死后，一辉能照顾妹妹，无论如何别让小雅早早辍学，并希望一辉能就此立一份协议。但一辉觉得抚养妹妹是一项沉重的负担，自己又不是妹妹的父母，没有这个义务，所以无论如何也不答应。无奈之下，李阿姨就将儿子一辉告上了法庭，要求他履行对小雅的抚养义务。那么，哥哥对妹妹有抚养义务吗？

小强说法

本案主要涉及兄姐与弟妹扶养义务的法律问题。兄弟姐妹之间是最近的旁系血亲，这里所指的兄弟姐妹不仅包括同父同母的兄弟姐妹，还包括同父异母或同母异父的兄弟姐妹，以及有抚育关系的继兄弟姐妹和养兄弟姐妹。通常来说，兄弟姐妹之间不会相互抚养，他们由父母抚养。但在特定条件下，兄、姐和弟、妹之间就有了扶养义务，但这种义务是附带条件的：

（1）兄、姐需要有相应的负担能力，不能不合理地加重兄、姐的负担；

（2）扶养对象是父母已经死亡或者父母无力抚养的未成年弟、妹。

本案中，妹妹小雅尚未成年，没有独立生活的能力，而哥哥一辉已经成家立业，而且事业做得不错，他是有能力扶养妹妹的，在李阿姨去世后，一辉负有照顾妹妹的义务。

法典在线

《中华人民共和国民法典》一千零七十五条　有负担能力的兄、姐，对于父母已经死亡或者父母无力抚养的未成年弟、妹，有扶养的义务。

由兄、姐扶养长大的有负担能力的弟、妹，对于缺乏劳动能力又缺乏生活来源的兄、姐，有扶养的义务。

1 夫妻双方如何申请协议离婚?

王小强的好朋友璐璐在结束了第一段失败的婚姻后,又重整旗鼓,勇敢追爱。

凯南是璐璐的客户,璐璐对风度翩翩的凯南一见钟情,于是展开了热烈的追求。在璐璐半年多的努力之下,终于追到了她心目中的白马王子。后来在璐璐的催促之下,他们步入了婚姻的殿堂。也许是图一时新鲜,也许从一开始凯南就不够爱璐璐,婚后凯南对璐璐特别冷漠。凯南是个工作狂,家里的大事小事他都不闻不问,就算闲下来,也是闷头打游戏。璐璐质问他,他们便一次次地争吵。后来凯南干脆搬出去,夫妻俩开始了分居生活。

王小强对璐璐说,强扭的瓜不甜,劝她及时止损。经过很长一段时间的思考,璐璐向凯南提出离婚,凯南也同意了。王小强又对她说:"你们记得要签好离婚协议,然后再去办理离婚。" 璐璐惊讶地说："啊？还要签离婚协议啊？离婚协议怎么写？"夫妻该如何协议离婚呢？

小强说法

协议离婚，是指婚姻关系当事人达成离婚合意并通过婚姻登记程序解除婚姻关系的法律程序。要进行协议离婚，当事人双方首先应签订书面离婚协议。离婚协议应当载明双方自愿离婚的意思表示，以及对子女抚养、财产以及债务处理等事项协商一致的意见。接下来，当事人双方应按照婚姻登记程序亲自到一方当事人常住户口所在地的婚姻登记机关办理离婚登记。办理离婚登记的材料包括：

（1）本人的户口簿、身份证；

（2）本人的结婚证；

（3）当事人双方共同签署的书面离婚协议书。

办理离婚登记的香港居民、台湾居民、澳门居民、华侨、外国人除准备（2）（3）中提到的证件和材料外，香港居民、台湾居民、澳门居民还应出具本人身份证和有效通行证，华侨、外国人还应出具本人有效护照或其他有效国际旅行证件。

婚姻登记机关对当事人出具的证件和材料进行审查，对相关情况进行询问后，对证件、材料齐全，自愿离婚，且对子女抚养、财产等问题协商一致的当事人当场进行登记，发放离婚证，解除婚姻关系。

法典在线

《中华人民共和国民法典》第一千零七十六条 夫妻双方自愿离婚的，应当签订书面离婚协议，并亲自到婚姻登记机关申请离婚登记。

离婚协议应当载明双方自愿离婚的意思表示和对子女抚养、财产以及债务处理等事项协商一致的意见。

《中华人民共和国民法典》第一千零七十八条 婚姻登记机关查明双方确实是自愿离婚，并已经对子女抚养、财产以及债务处理等事项协商一致的，予以登记，发给离婚证。

离婚冷静期让离婚变得更难了吗？

王小强在结束了第一段失败的婚姻之后，通过相亲认识了薛丽，两人经过一段时间的相处，觉得彼此情投意合，于是在2018年5月领证结婚。婚后夫妻关系和睦，并生养了一个儿子。2019年下半年，王小强因为工作调动的缘故时常出差，一家人聚少离多，引起薛丽的不满。薛丽认为丈夫只顾事业，对家庭不管不顾，便强行要求王小强辞去现在的职位；王小强认为妻子无理取闹，只看眼前，不想以后，坚决不肯辞职。薛丽一气之下提出离婚。2020年1月，王小强和薛丽来到民政局办理离婚登记申请。几天后，王小强冷静了下来，想起往日的感情和家庭的温暖，感到后悔不已，那么，他们还有挽回的余地吗？

小强说法

为了降低离婚率，维护婚姻家庭的和谐稳定，《民法典》增设了"离婚冷静期"，明确规定男女双方同意离婚并申请离婚登记，还需"冷静"1个月，有一方反悔即可撤回离婚登记申请。1个月期限满后，双方亲自到婚姻登记机关申请发给离婚证，如超期未申请，则视为撤回申请。

有观点认为，离婚冷静期的设置让离婚变得更加困难了，因为只要有一方在冷静期内反悔，婚姻关系就无法解除。其实，这种说法是不准确的。《民法典》中的离婚冷静期适用的是协议离婚的情况，是为了给当事人一个理性思考的机会，挽救那些不存在婚姻过错情形的冲动型离婚。如果双方感情破裂，存在家暴、虐待等婚姻过错情形，在冷静期内，一方不同意离婚，而另一方坚持离婚，那么坚持离婚的一方可以通过诉讼离婚的形式结束婚姻关系。

本案中，王小强可以利用离婚冷静期，作出努力，缓解矛盾，尽力挽回薛丽的心，避免了婚姻的破裂。当然王小强和薛丽属于协议离婚，在离婚冷静期内，王小强产生了反悔之意，但假设薛丽坚持离婚的想法，法律也尊重任何一方离婚的自由，薛丽可以向人民法院起诉离婚。

法典在线

《中华人民共和国民法典》第一千零七十七条　自婚姻登记机关收到离婚登记申请之日起三十日内，任何一方不愿意离婚的，可以向婚姻登记机关撤回离婚登记申请。

前款规定期限届满后三十日内，双方应当亲自到婚姻登记机关申请发给离婚证；未申请的，视为撤回离婚登记申请。

新法亮点

近年来，我国离婚的人数越来越多，由此带来的社会问题也日益显露出来，如孩子的教育问题、心理问题和经济问题等。在不计其数的离婚案例中，草率离婚、冲动离婚占据了相当大的比例，而当事人在事后也往往追悔莫及。离婚冷静期的设置无疑是为草率离婚、冲动离婚开设的一个"良方"。离婚冷静期给了当事人一个缓冲的过程，可以促使当事人冷静思考、理性选择，避免那些因为一时冲动而造成的婚姻悲剧，体现了国家维护婚姻稳定的态度和决心。

婚姻登记处

一个月之后

3 一方对另一方实施家庭暴力，可以起诉离婚吗？

　　青阳的弟弟青峰脾气暴躁，经常因为一点儿小事而大发脾气，让妻子欣瑶痛苦不已。有一次，欣瑶因为加班回家晚了，青峰到家后因为饭菜没做好就对欣瑶开口大骂，欣瑶反驳了几句，青峰竟然一个耳光把欣瑶打翻在地，并对她拳打脚踢。欣瑶一气之下就回了娘家。事后青峰登门道歉，家人也都再三劝解，欣瑶便原谅了青峰。可是，后来青峰居然变本加厉，最严重的一次，青峰用烟灰缸砸伤了欣瑶的眉骨。被送往医院后，欣瑶的眉骨处缝了四针。

　　这一次的经历，让欣瑶不再对青峰抱有希望。欣瑶向青峰提出了离婚，可是青峰不同意离婚。欣瑶想向人民法院提起离婚诉讼，可她听说起诉离婚后，法官会进行调解，一般都是劝和不劝分，她怕自己离婚不成反而激怒了青峰。真的是这样吗？

小强说法

本案涉及准予离婚的法律规定。由于在婚内长期遭受家庭暴力，欣瑶想要离婚，而青峰不同意，那么此时欣瑶就可以向人民法院提起诉讼要求离婚。所谓诉讼离婚，是指婚姻当事人就是否离婚或者婚后子女抚养、财产分割或债务处理等问题不能达成协议，由一方向人民法院提出离婚请求，由人民法院调解或判决而解除婚姻关系的一项制度。

人民法院审理离婚案件时，准予和不准予离婚一般是根据夫妻感情是否破裂来判断。判断夫妻感情是否破裂，人民法院会结合婚姻基础、婚后感情、离婚原因、夫妻关系的现状和有无和好的可能等方面综合判定。有下列情形之一，调解无效的，应当准予离婚：

（一）重婚或者与他人同居；

（二）实施家庭暴力或者虐待、遗弃家庭成员；

（三）有赌博、吸毒等恶习屡教不改；

（四）因感情不和分居满二年；

（五）其他导致夫妻感情破裂的情形。

在婚姻生活中，夫妻之间应当互相尊重，发生矛盾后应加强沟通，用和平的方式合法地解决矛盾。本案中，青峰存在严重的暴力倾向，数次对欣瑶进行打骂，并造成一定的伤害。针对家庭暴力，欣瑶可以提供医院的病历，并找相应的证人证明等提交人民法院，经人民法院调解无效的情况下，应当准予离婚。另外，欣瑶作为无过错方，还有权请求损害赔偿。

法典在线

《中华人民共和国民法典》第一千零七十九条 夫妻一方要求离婚的，可以由有关组织进行调解或者直接向人民法院提起离婚诉讼。

人民法院审理离婚案件，应当进行调解；如果感情确已破裂，调解无效的，应当准予离婚。

有下列情形之一，调解无效的，应当准予离婚：

（一）重婚或者与他人同居；

（二）实施家庭暴力或者虐待、遗弃家庭成员；

（三）有赌博、吸毒等恶习屡教不改；

（四）因感情不和分居满二年；

（五）其他导致夫妻感情破裂的情形。

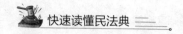

一方被宣告失踪，另一方提起离婚诉讼的，应当准予离婚。

经人民法院判决不准离婚后，双方又分居满一年，一方再次提起离婚诉讼的，应当准予离婚。

判决不准离婚后，还可以再次提起离婚诉讼吗？

薛丽的妹妹薛玉和佳帅是通过亲戚介绍认识的，在交往半年多后，双方在当地民政局登记结婚了。婚后，薛玉发现佳帅简直就是个长不大的孩子。在工作上，他毫无上进心，工作多年还是个小职员；在生活中，他除了吃饭和打游戏，其他事一概不管；他赚钱不多，但是花钱却无节制。最让薛玉失望的是，一次，薛玉的父亲和母亲同时因病住进了医院，薛玉的哥哥当时不在本地，薛玉和姐姐、姐夫夜里轮番在医院陪护，可是，佳帅居然不闻不问，一次也没去过医院。薛玉因为这件事对佳帅彻底绝望了，她提出了离婚，但佳帅不同意，薛玉便向人民法院提起了离婚诉讼。人民法院认为双方感情未破裂，未准予离婚。但薛玉心意已决，她搬了出去，和佳帅分居了。像这种情况，薛玉还可以再次提起离婚诉讼吗？

小强说法

提起离婚诉讼，人民法院不一定会判离，如果人民法院认定夫妻感情没有破裂，会判决不准离婚。那么，在这种情形下，夫妻一方还是坚持离婚的，还能成功吗？《民法典》对夫妻感情确已完全破裂的，为了当事人可以及早结束婚姻关系，增加了不准离婚后，双方又分居满1年，一方再次提起离婚诉讼的，应当准予离婚的规定。这条规定使法官多了一条认定夫妻感情破裂的标准，会使一些身处失败婚姻里的人得以解脱，重新开始。

因此，案例中的薛玉，在人民法院判决之后，可以好好冷静一下，考虑一下夫妻二人的关系还能不能挽回。如果薛玉经过深思熟虑后，仍然要离婚，可以在双方分居满1年后再次上诉，人民法院应准予离婚。

法典在线

《中华人民共和国民法典》第一千零七十九条　夫妻一方要求离婚的，可以由有关组织进行调解或者直接向人民法院提起离婚诉讼。

人民法院审理离婚案件，应当进行调解；如果感情确已破裂，调解无效的，应当准予离婚。

有下列情形之一，调解无效的，应当准予离婚：

（一）重婚或者与他人同居；

（二）实施家庭暴力或者虐待、遗弃家庭成员；

（三）有赌博、吸毒等恶习屡教不改；

（四）因感情不和分居满二年；

（五）其他导致夫妻感情破裂的情形。

一方被宣告失踪，另一方提起离婚诉讼的，应当准予离婚。

经人民法院判决不准离婚后，双方又分居满一年，一方再次提起离婚诉讼的，应当准予离婚。

新法亮点

在诉讼离婚的案件中，夫妻感情破裂是人民法院判决离婚的一个重要条件。然而在司法实践中，当事人有时不容易提供夫妻感情已破裂的证据。有些当事人数次诉讼离婚，耗费较长时间也未能得到人民法院支持。于是，《民法典》第1079条作出了调整，此后，经人民法院判决不准离婚后，双方又分居满一年，一方再次提起离婚诉讼的，应当准予离婚。此新规有望改变离婚诉讼中出现的"久调不判"的现象。

5 现役军人的配偶可以提出 离婚吗?

    王小强的好朋友旭东是某部队的一名海军航空兵,通过相亲他认识了美娟,交往1年后,二人登记结婚。婚后由于工作原因,旭东每年能回家的日子屈指可数,长久的聚少离多,在很大程度上影响了他们的夫妻感情。

    旭东每次回家,美娟都会指责旭东对她这个妻子不管不问,旭东知道妻子心里很委屈,每次都尽可能耐心地劝解她,希望她能够理解自己工作的特殊性。但美娟还是经常又哭又闹,对旭东没有丝毫体谅。在某次争吵中,美娟态度坚决地表示要与旭东离婚,但旭东坚决不同意。愤怒的美娟向人民法院提起离婚诉讼。那么,没有过错的军人旭东能受到法律的保护吗?而美娟提交的离婚诉讼会被准予吗?

    本案涉及军人离婚的法律问题。军人为了保家卫

国，长期投身战斗岗位，因而不可避免地难以兼顾照顾家庭的责任。"牺牲小我，成全大我"是军人生活的写照，其功劳是不能够被磨灭的，其牺牲精神是可歌可泣的。为此，我国法律对军人在各方面的权益予以保护。《民法典》规定，现役军人的配偶要求离婚，首先需要征得军人同意，除非军人一方有重大过错。这是法律对军婚作出的特别保护。

这里需要特别注意的是，法条中涉及的是现役军人，即正在人民解放军和人民武装警察部队服现役，具有军籍的干部和士兵。没有军籍的职工，转业、退伍、退休、离休的军人和已经退役的革命残废军人，以及编入民兵组织或者预备役的军官、士兵和正在服刑的军人，是不包括在内的。

法条中还提到，军人一方有重大过错的除外。那么，何为军人的重大过错呢？军人的重大过错包括：

（1）重婚或与他人同居的；

（2）实施家庭暴力或虐待、遗弃家庭成员的；

（3）有赌博、吸毒恶习屡教不改的；

（4）其他重大过错，如强奸妇女、奸淫幼女、嫖娼等违法犯罪行为的。

本案中，旭东作为一名海军航空兵，属于现役军人，他不存在重大过错，那么美娟单方面的离婚申请不能被准予。除非美娟可以征得旭东的同意，但旭东还比较珍惜二人的感情，并不同意离婚，在这种情况下，美娟的离婚诉讼请求将不被准予。

法典在线

《中华人民共和国民法典》第一千零八十一条　现役军人的配偶要求离婚，应当征得军人同意，但是军人一方有重大过错的除外。

6 妻子流产6个月内，丈夫可以提出离婚吗?

王小东的妻子青阳是一名芭蕾舞演员，她因为怕生孩子导致身材走样，影响自己的舞蹈生涯，故而提出不生育的要求。王小东经过多次耐心劝说，并举例说明很多舞蹈演员都是生过孩子的，青阳才答应生育。但是青阳在怀孕之后，因为害怕长胖，一直都节食减肥，并配合运动锻炼。某日，青阳因运动时不慎滑倒而导致流产。为此，王小东愤怒不已，青阳也后悔极了。

王小东认为青阳把事业看得太重，不能妥善地照顾家庭，在深思熟虑了2个月后提出了离婚，但青阳不同意离婚，她提出自己以后会平衡好事业和家庭。可王小东心意已定，便向人民法院提起了离婚诉讼，那么，人民法院会准予他的诉讼请求吗?

小强说法

本案例涉及限制男方离婚请求权的法律规定。我国的法律对男方的离婚请求权是有限制的，之所以有这样的规定，是为了保护妇女和子女的合法权益。

男方在以下 3 种情形下不得提出离婚：

（1）女方在怀孕期间。

（2）女方在分娩后 1 年内。分娩，指的是胎儿脱离母体作为独自存在的个体的这段时期和过程。只要女方有分娩的事实，无论婴儿是否活着出生，也不论出生后婴儿是否死亡，均适用本条规定。

（3）女方终止妊娠后 6 个月内。终止妊娠既包括自然流产，也包括人工流产。只要女方有终止妊娠的事实，无论出于何种原因，均适用本条规定。

适用本条时，还应注意以下几个问题：

（1）在本条所描述的情形下，如果女方提出离婚，不受本条限制。

（2）本条针对的是诉讼离婚的情形，如果双方是协议离婚，是不受本条限制的。

（3）人民法院认为确有必要受理男方离婚请求

的，也不受本条的限制。一般在男方有正当理由，女方有重大过错或有重大的紧迫事由时人民法院应及时受理此案。

本案中，青阳终止妊娠才2个月，此时她的身体和心理相对较为脆弱，为保护女性权益，丈夫王小东在这段特殊的时间里提出的离婚诉讼请求，人民法院是不会受理的。况且丈夫王小东是因为妻子青阳太过在乎事业而忽略家庭才选择离婚，但妻子提出愿意作出改变，这个问题还是可以沟通的。如果王小东执意离婚，法律也尊重男方的离婚请求权，只是应在规定的期限届满以后再提出诉讼请求。

法典在线

《中华人民共和国民法典》第一千零八十二条　女方在怀孕期间、分娩后一年内或者终止妊娠后六个月内，男方不得提出离婚；但是，女方提出离婚或者人民法院认为确有必要受理男方离婚请求的除外。

7 离婚后又自动过起了夫妻生活，算复婚吗？

王小强的表弟卫翰和妻子雪静离婚后，各自独自生活，均未再婚。在此期间，卫翰辞了工作，开了一家烧烤店，生意还算红火。某天，卫翰和朋友聚会的时候，无意中得知雪静离婚后的生活很不如意，还患上了胃病。卫翰念着昔日的夫妻之情，便经常去看望雪静，并给她一些经济上的帮助。没多久，两人便旧情复燃，生活在一起。王小强曾劝卫翰如果决定复婚，就前往婚姻登记机关去办理复婚手续，否则他们的关系不受法律保护，但卫翰和雪静一直没把这事放在心上。

就这样过了 2 年多，某天，卫翰在外出进货时不幸发生车祸身亡。卫翰的父母将对方赔偿的 10 万元全部领走，同时还将雪静从卫翰购买的房子中赶了出去。雪静为此又悲痛又愤怒，她认为自己是卫翰的妻子，有权利继承他的财产，卫翰的父母无权将自己赶出去。于是，雪静将卫翰的父母告上了法庭，请求人民法院以"妻子"的身份判决她继承卫翰的 10 万元赔偿金及房产。人民法院会支持雪静的请求吗？

小强说法

本案例涉及复婚后未重新进行结婚登记的婚姻关系法律效力问题。复婚并不是简单地男女双方再同居，离婚后，男女双方自愿恢复婚姻关系的，应当前往婚姻登记机关重新进行结婚登记。复婚登记适用结婚登记的规定，但在所持证件中，复婚登记应持离婚证或离婚调解书或判决书。也就是说，只有办理登记后，复婚关系才成立，并由此具有法律效力，法律才会予以保护。

本案中，卫翰和雪静已经离婚，并办理了离婚手续。虽然后来两人又住在一起，但由于未办理复婚登记手续，实质上不属于复婚，因此也不具有法律效力，更不能被法律予以保护。所以，在卫翰死亡后，其遗产由父母继承是合法的。

法典在线

《中华人民共和国民法典》第一千零八十三条　离婚后，男女双方自愿恢复婚姻关系的，应当到婚姻登记机关重新进行结婚登记。

8 父母离婚后，孩子应交给谁抚养呢？

　　岳呈呈刚在王小强的教育和帮助下解决了与外婆的赡养纠纷，最近又陷入了和妻子争夺抚养权的纠纷中。岳呈呈和小安通过朋友介绍相识，在交往了2年后，办理了结婚登记手续。结婚2年后，小安生下了一个男孩，小名叫豆豆。在豆豆上小学之后，岳呈呈与小安的婚姻生活出现了状况，他们开始经常因为一些生活琐事而争吵，气急了还会砸东西。

　　这样的状况持续了3年之后，小安认为夫妻感情已经彻底破裂，于是向人民法院提起离婚诉讼。双方均同意离婚，且对财产平均分配也没有异议，只是针对孩子的抚养问题，二人发生了纠纷。豆豆今年9岁了，聪明伶俐、善解人意，二人都想取得豆豆的抚养权。那么，根据有关法律，豆豆应该由谁抚养呢？

小强说法

这个案子涉及离婚后孩子抚养权问题。

本案中，由于双方关系已经完全恶化，夫妻感情彻底破裂，如果人民法院准予离婚，离婚后孩子的抚养权问题，人民法院会综合考虑多种因素。

如果孩子不满2周岁，即哺乳期内的子女，为了方便母亲哺乳，人民法院通常会判定由母亲来抚养。当然，如果双方协商同意2周岁以内的孩子由父亲抚养，且不会不利于孩子的成长，也可以由父亲抚养。

如遇下列情形则由父方抚养：

（1）母方患有久治不愈的传染性疾病或者其他严重疾病的。

（2）母方有抚养条件但不尽抚养义务，而父方提出由其直接抚养。如果父方没有要求子女随其生活，则应当由母亲抚养，因为母亲有抚养义务。

（3）因其他原因，子女确实无法随母亲生活的。

如果孩子是2周岁以上的未成年人，父方和母方都要求随其生活，则要参考双方的具体情况，按照最有利于未成年子女的原则判决。如果子女已满8周岁的，还应当尊重其真实意愿。父方或母方有下列情形之一的，可优先考虑由其抚养：

（1）子女随其生活时间较长，改变生活环境对未成年子女的成长不利；

（2）已做绝育手术或丧失了生育能力；

（3）无其他子女，而另一方有其他子女；

（4）子女随其生活对成长更有利，而另一方患有久治不愈的传染性疾病或者其他严重疾病的，或存在其他不利于子女成长的问题。

本案中，豆豆已经9岁了，父母双方都希望孩子可以随其生活，这种情况下，人民法院会按照最有利于豆豆成长的原则来作出判决。同时因为豆豆已经年满8周岁，他的真实意愿也会被参考。

法典在线

《中华人民共和国民法典》第一千零八十四条 父母与子女间的关系，不因父母离婚而消除。离婚后，子女无论由父或者母直接抚养，仍是父母双方的子女。

离婚后，父母对于子女仍有抚养、教育、保护的权利和义务。

　　离婚后，不满两周岁的子女，以由母亲直接抚养为原则。已满两周岁的子女，父母双方对抚养问题协议不成的，由人民法院根据双方的具体情况，按照最有利于未成年子女的原则判决。子女已满八周岁的，应当尊重其真实意愿。

新法亮点

　　《民法典》将原婚姻法规定的"哺乳期内的子女，以随哺乳的母亲为原则"修改为"不满两周岁的子女，以由母亲直接抚养为原则"。由于"哺乳期"是一个不确定的概念，"两周岁"更为明确，增强了其可操作性。同时《民法典》尊重已满8周岁子女的话语权，要求抚养权纠纷应当尊重孩子的真实意愿，体现了促进未成年人健康成长的原则。

可以要求不直接抚养子女的一方增加抚养费吗?

王小强的表弟陈威和亚楠的婚姻最终还是没能维持，二人协议离婚，孩子小秋由母亲亚楠抚养，父亲陈威每个月付 1500 元的抚养费。

起初，凭着亚楠的工资和陈威每个月支付的抚养费，亚楠母女的生活还算可以。但随着女儿越长越大，各种开销也逐年增加，特别是小秋上了高中后，需要报各种辅导班和购买教材，亚楠入不敷出。而陈威事业稳定，在一家大公司做管理层。面对这样的情况，女儿便找到父亲陈威，希望他可以多付一些抚养费。但陈威表示当初已经约定好了，自己只承担每月 1500 元的抚养费。无奈之下，小秋把父亲陈威起诉至人民法院，要求陈威增加抚养费。那么，人民法院已经判决的抚养费还能再变更吗？

小强说法

本案涉及离婚后子女抚养费的法律问题。父母与子女间的关系，不因父母离婚而消除。离婚后，父母对于子女仍有抚养、教育、保护的权利和义务，而支付子女抚养费是父母对未成年子女履行抚养义务的一种方式。父母对未成年子女的抚养义务是法定的、无条件的，父母必须履行。

子女抚养费的数额，可根据子女的实际需要、父母双方的负担能力和当地的实际生活水平确定。抚养费的给付方式一般是定期给付，有条件的可一次性给付。抚养费的给付期限，一般至子女18周岁为止。16周岁以上不满18周岁，以其劳动收入为主要生活来源，并能维持当地一般生活水平的，父母可停止给付抚养费。

判决好的抚养费并非不能变更，有下列情形之一的，父方或母方有给付能力的，是可以增加抚养费的：

（1）原定抚养费数额不足以维持当地实际生活水平的；

（2）因子女患病、上学，实际需要已超过原定数额的；

（3）有其他正当理由的。

本案中，小秋已经升入高中，生活费、学费，再加上报辅导班的费用，实际生活所需已经比原来增加很多，这些情况都决定了原来的抚养费已经明显不够。因此，小秋要求父亲适当增加抚养费的要求是合理的。

法典在线

《中华人民共和国民法典》第一千零八十五条　离婚后，子女由一方直接抚养的，另一方应当负担部分或者全部抚养费。负担费用的多少和期限的长短，由双方协议；协议不成的，由人民法院判决。

前款规定的协议或者判决，不妨碍子女在必要时向父母任何一方提出超过协议或者判决原定数额的合理要求。

10 离婚后一方可以阻止另一方探望孩子吗？

　　王小强和妻子乔雨协议离婚了，二人约定：婚姻存续期间的存款一人一半；两套房屋，一人一套；儿子王乐乐随母亲乔雨生活，王小强每月支付乔雨母子抚养费3000元；王小强每月可以探望孩子一次。

　　起初王小强每月都来探望乐乐，后来王小强再婚，公司又出现经济纠纷，王小强忙得焦头烂额，将近半年没有探望过孩子。对此乔雨非常不满，她认为前夫成立了新的家庭，就不再爱乐乐了，自此她总是想法设法阻止王小强探望孩子。有时即便乔雨让王小强见乐乐，也要隔着防盗门。无奈之下，王小强将乔雨起诉至人民法院，要求依法行使探望权。王小强的诉讼请求能得到人民法院的支持吗？

小强说法

　　这个案例涉及探望权行使的法律问题。在现实生活中，大多数离婚后的父母能够较好地履行抚养子女的义务，并尽量给子女精神上的抚慰。但也有一些直接抚养孩子的父母由于不懂法，把孩子当作自己的"私人物品"，不允许不直接抚养孩子的一方探望孩子，引起了很多纠纷。

直接抚养孩子的一方阻碍另一方探视子女，既损害了探望权人的合法权益，也不利于子女的健康成长。但是如果不直接抚养孩子的一方探望子女后反而不利于子女的身心健康，能不能中止其探望权呢？《民法典》对探望权中止的事由做了规定：行使探望权不利于子女身心健康，包括子女的身体、精神、道德或情感的健康，由人民法院依法中止探望。

本案中，王小强探望乐乐并不会不利于乐乐的身心健康，母亲乔雨不但没有权利剥夺父亲王小强的探望权，同时在一定情况下，还应为父亲探望孩子提供方便。所以，王小强要求依法行使探望权，人民法院应当准予。

法典在线

《中华人民共和国民法典》第一千零八十六条 离婚后，不直接抚养子女的父或者母，有探望子

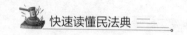

女的权利，另一方有协助的义务。

行使探望权利的方式、时间由当事人协议；协议不成的，由人民法院判决。

父或者母探望子女，不利于子女身心健康的，由人民法院依法中止探望；中止的事由消失后，应当恢复探望。

一别**两宽**，
各分**财产**。

第
五
章

1. 夫妻共同还贷款的房屋，离婚后如何分割？

陶雅的妹妹陶美最近正在闹离婚。陶美的丈夫徐浩在婚前买了一套房子，首付款共付了 35 万元，剩余的 60 万元房款是采用按揭的方式贷款的。房子购买 1 年半后，徐浩与陶美结婚，婚后夫妻双方共同继续偿还这套房子的房贷。婚后两人摩擦不断，经常争吵，8 年后，双方经过慎重考虑，决定离婚。但是对于房产如何分割，双方争执不下。徐浩认为此房屋为其婚前购买，是他的个人财产，而陶美认为自己也支付了 15 万元的贷款，房子应该也有自己的一半。为了维护各自的权益，双方决定通过法律途径来解决这个问题。那么，婚前按揭贷款、婚后还款的房屋，离婚后应如何分割呢？

小强说法

每一对步入婚姻殿堂的夫妻都渴望拥有一套属于自己的新房，然而如今的房价居高不下，让很多家庭都难以一次性负担，于是就有很多夫妻选择婚前付首付款，婚后夫妻共同还贷的方式买房。这样一来，住房问题是解决了，可是到了离婚的时候，难免会产生财产的纠纷问题。

本案中，徐浩婚前购买房产，支付房屋首付，法律自然要维护徐浩的权益。可是，虽然房产证上没有陶美的名字，可她偿还了8年的房贷，她的权益也应得到保护。

《最高人民法院关于适用〈中华人民共和国民法典〉婚姻家庭编的解释（一）》第78条规定："夫妻一方婚前签订不动产买卖合同，以个人财产支付首付款并在银行贷款，婚后用夫妻共同财产还贷，不动产登记于首付款支付方名下的，离婚时该不动产由双方协议处理。依前款规定不能达成协议的，人民法院可以判决该不动产归登记一方，尚未归还的贷款为不动产登记一方的个人债务。双方婚后共同还贷支付的款项及其相对应财产增值部分，离婚时应根据民法典第一千零八十七条第一款规定的原则，由不动产登记一方对另一方进行补偿。"

本案中，房子仍归属徐浩所有，没有还完的房贷由徐浩继续偿还，但是对于陶美支付的部分贷款和房子的增值部分，徐浩要予以偿还。

法典在线

《中华人民共和国民法典》第一千零八十七条 离婚时，夫妻的共同财产由双方协议处理；协议不成的，由人民法院根据财产的具体情况，按照照顾子女、女方和无过错方权益的原则判决。

对夫或者妻在家庭土地承包经营中享有的权益等，应当依法予以保护。

新法亮点

《民法典》在夫妻共同财产的离婚处理的判决中增加了"照顾无过错方权益的原则"，更加明确地确立了财产分割时加大对无过错方的保护力度，无过错方享有了请求人民法院多分配夫妻共同财产的权利。

婚姻是组建家庭的基础，家庭和谐是国家发展和社会进步的基石。法律明确规定离婚过错方少分或不分财产，这意味着无过错方在离婚时能够基于实质情况得到更多保障和救济，对实现公平正义，构建和谐社会具有跨时代的意义。

2. 离婚时可以分割对方的稿费吗？

　　王小斌是王小强的二伯王常青家的大儿子，其婚后和妻子崔颖矛盾丛生。王小斌是一名作家，性格内向，喜欢宅在家里写东西，并且不喜欢被打扰。崔颖是做服务行业的，性格外向，喜欢出去旅行。王小斌经常指责崔颖不顾家，崔颖则指责王小斌从不陪伴自己，为此双方多次爆发争吵。双方因矛盾无法调和，决定离婚。但他们在财产分割的问题上出现了分歧，谁也说服不了谁，于是崔颖到人民法院起诉了王小斌。

　　王小斌在同崔颖结婚前曾向出版社投稿，文章被出版社采用，但8万元的稿费是在王小斌婚后才拿到手的。之后王小斌又向杂志社投稿，获得了12万元的稿费。崔颖认为这20万元的稿费属于婚后的夫妻共同财产，崔颖要求对此进行分割。但是，王小斌认为文章都是自己独立完成的，崔颖没有参与任何建议，这都应该是属于自己的个人财产。

那么王小斌这 20 万元的稿费，崔颖到底有没有权利分割呢？

小强说法

本案的争议焦点是关于离婚时知识产权的收益应该如何分割的法律问题。知识产权到底是属于夫妻的共同财产还是个人财产，其关键是看知识产权实际取得的时间，在婚姻存续期间取得的知识产权属于夫妻共同财产，而婚前所取得的知识产权，收益应归其中一方所有。

本案中，王小斌第一次所获得的 8 万元稿费虽然是婚后收到的，但这是其婚前创作并投稿的，应属于其婚前财产，也就是个人财产，崔颖无权分割。而王小斌第二次所获得的 12 万元稿费既是在婚姻存续期间获得的，也是婚内创作的，是夫妻的共有财产，两人应各得一半。

法典在线

《中华人民共和国民法典》第一千零六十二

条　夫妻在婚姻关系存续期间所得的下列财产，为夫妻的共同财产，归夫妻共同所有：

（一）工资、奖金、劳务报酬；

（二）生产、经营、投资的收益；

（三）知识产权的收益；

（四）继承或者受赠的财产，但是本法第一千零六十三条第三项规定的除外；

（五）其他应当归共同所有的财产。

夫妻对共同财产，有平等的处理权。

《中华人民共和国民法典》第一千零六十三条　下列财产为夫妻一方的个人财产：

（一）一方的婚前财产；

（二）一方因受到人身损害获得的赔偿或者补偿；

（三）遗嘱或者赠与合同中确定只归一方的财产；

（四）一方专用的生活用品；

（五）其他应当归一方的财产。

《中华人民共和国民法典》第一千零八十七条　离婚时，夫妻的共同财产由双方协议处理；协议不成的，由人民法院根据财产的具体情况，按照照顾子女、女方和无过错方权益的原则判决。

对夫或者妻在家庭土地承包经营中享有的权益等，应当依法予以保护。

3. 全职太太在离婚后可以要求补偿吗?

王小杰是王小强的大伯王常亮家的三儿子,他和妻子秦莹是大学同学,毕业后两人就结了婚。结婚后,因为王小杰的父母身体不好,需要人照顾,所以夫妻二人便和王常亮夫妇生活在一起。没过多久,秦莹怀孕了。孩子生下来以后,为了更好地照顾家里的老人和孩子,秦莹和王小杰商议,以后王小杰主外,秦莹主内。于是,秦莹便辞掉工作,一心当起了全职太太。秦莹把家里打理得井井有条,老人、小孩都得到了妥善的照顾。

多年之后,秦莹和王小杰的感情出现了变故,二人决定离婚。秦莹认为自己多年来牺牲掉了工作,一心照顾家庭,应该得到补偿,于是向人民法院提出了请求。人民法院会支持秦莹的请求吗?

小强说法

这个案例涉及的是离婚时经济补偿的请求权。《民法典》规定了夫妻离婚时，如果一方在家庭生活中承担抚育子女、照料老年人、协助另一方工作等较多义务，离婚时有权向另一方请求补偿，另一方应当给予补偿。具体办法由双方协议；协议不成的，由人民法院判决。

请求补偿须满足以下条件：

（1）请求补偿的一方在家庭生活中付出了较多义务，具体包括在婚姻关系存续期间，夫妻一方比另一方付出的抚育子女、照料老人、协助另一方工作等义务更多，对家庭的建设贡献较大；

（2）经济补偿请求权的行使条件是双方婚姻关系已经解除，如果没有发生离婚的事实，是不可以请求补偿的；

（3）付出较多义务的一方提出进行经济补偿的请求。

关于经济补偿的数额，应当由双方协商解决。协商不成的，应由人民法院根据具体情况，如双方结婚时间的长短、子女的大小、双方在子女抚养教育方面的投入情况、老人的赡养情况及双方的经济收入等状况进行判决。

本案中，秦莹为了照顾身体不好的公婆和幼小的孩子辞掉了工作，为这个家庭尽了较多的义务，所以秦莹离婚时请求经济补偿的请求，应得到人民法院的支持。

法典在线

《中华人民共和国民法典》第一千零八十八条　夫妻一方因抚育子女、照料老年人、协助另一方工作等负担较多义务的，离婚时有权向另一方请求补偿，另一方应当给予补偿。具体办法由双方协议；协议不成的，由人民法院判决。

新法亮点

随着时代的发展，"男主外，女主内"的观念在悄然改变，然而在现实生活中，仍然有不少家庭保持着这样的分工。一旦离婚，夫妻中放弃工作，在家中料理家务的一方受到的冲击往往更大。为了对为家庭贡献较多的一方进行保护，《民法典》中对夫妻中为家庭负担较多义务的一方的经济补偿范围更宽，而不是像原婚姻法第 40 条中只适用于"夫妻书面约定婚姻关系存续期间所得的财产归各自所有"的情形。

婚姻存续期间欠下的债务，离婚后要双方一起偿还吗？

　　王小强的同事岳朋和妻子卢妍是经人介绍认识的，交往一年半后，办理了结婚登记。婚后岳朋和卢妍育有一儿一女，生活幸福。婚后第 5 年，他们的大儿子患上了严重的肾病，为了给孩子治疗，岳朋以个人名义向朋友借了 40 万元，借据上签的也是岳朋的名字。

　　后来，岳朋和卢妍的感情越来越差，经常因为琐事争吵，双方都疲惫不堪。于是，岳朋以夫妻感情破裂为由，向人民法院起诉，要求与卢妍离婚，卢妍也同意离婚。在债务分割上，二人产生了纠纷。对于以个人名义所借的债务，在没有双方共同签字的情况下，应该怎样偿还？另外，岳朋提出自己还有一笔 10 万元的债务，是为了帮助外甥女出国留学而向朋友借的，那么，这笔债务应该由夫妻共同偿还吗？

小强说法

这个案例争议的焦点是，夫妻双方离婚时的债务分配的法律问题。首先，离婚时，夫妻共同债务应当共同偿还。共同财产不足清偿或者财产归各自所有的，由双方协议清偿；协议不成的，由人民法院判决。

所谓共同债务，包括夫妻双方共同签名或者夫妻一方事后追认等共同意思表示所负的债务，以及夫妻一方在婚姻关系存续期间以个人名义为家庭日常生活需要所负的债务。

除此之外，还有多种情况下所负债务不能视为共同债务。

（1）一方未经对方同意，独自筹资从事经营活动的债务，且收入未用于共同生活；

（2）夫妻双方约定由个人负担的债务，但以逃避债务为目的的除外；

（3）一方未经对方同意，擅自资助与其没有扶养义务的亲朋所负的债务；

（4）其他个人债务，包括婚前债务、与夫妻生活无关的债务等。

本案中，岳朋向朋友借的 40 万元虽然是以个人名义，却是为了给孩子治病，是为家庭日常生活需要所负的债务，属于夫妻共同债务，应由夫妻二人共同偿还。岳朋和卢妍可用夫妻的共同财产进行清偿，如果共同财产不足以清偿，剩下的部分债务，岳朋和卢妍一人偿还一半。至于岳朋为了帮助外甥女出国留学而向朋友借的 10 万元，不属于夫妻的共同债务，因为岳朋对外甥女没有扶养义务，而且这件事发生之时，卢妍并不知情，所以卢妍不需要偿还。

法典在线

《中华人民共和国民法典》第一千零六十四条 夫妻双方共同签名或者夫妻一方事后追认等共同意思表示所负的债务，以及夫妻一方在婚姻关系存续期间以个人名义为家庭日常生活需要所负的债务，属于夫妻共同债务。

夫妻一方在婚姻关系存续期间以个人名义超出家庭日常生活需要所负的债务，不属于夫妻共同债务；

但是，债权人能够证明该债务用于夫妻共同生活、共同生产经营或者基于夫妻双方共同意思表示的除外。

《中华人民共和国民法典》第一千零八十九条　离婚时，夫妻共同债务应当共同偿还。共同财产不足清偿或者财产归各自所有的，由双方协议清偿；协议不成的，由人民法院判决。

5 离婚后一方条件优越而另一方生活困难的，应否给予帮助？

　　王小轩是王小强的二伯王常青家的二儿子。王小轩和妻子宋倩是经人介绍走到一起的，相识仅半年就登记结婚了。结婚时双方约定，婚前婚后取得的财产归各自所有。王小轩是大学文凭，在大企业担任经理，宋倩是中专文凭，是工厂职工。婚后，王小轩一直觉得与宋倩缺乏共同语言，夫妻感情淡漠。王小轩几次想提出离婚，但妻子也没有什么过错，他担心父母不能理解，便一拖再拖。等到孩子成年后，王小轩终于下定决心，与妻子宋倩协议离婚。

　　由于婚姻存续期间的住房是王小轩婚前所购，于是宋倩离婚后就搬到了父母家里，和父母挤在一个小房子里。而宋倩所在的工厂效益不好，每个月的工资仅 2000 元。所以，宋倩离婚后生活困难。宋倩认为王小轩的经济状况很好，于是要求王小轩对自己提供适当的经济帮助。可是王小轩认为双方都已经离婚了，不再有相互扶养的义务，所以拒绝了。于是，宋倩就此经济帮助问题向人民法院提起了诉讼。该诉讼请求可以得到人民法院支持吗？

小强说法

本案例是关于离婚经济帮助的法律适用问题。离婚经济帮助，是指离婚时，如果一方生活困难，个人财产和离婚分得的财产无法维持当地的基本生活水平，而另一方有经济负担能力的，应当给予适当帮助。

本案中，宋倩婚后没有住房，和父母挤在一起，由于工厂效益不好，工资也很低，生活比较困难。而且，王小轩与宋倩约定婚前婚后取得的财产应归各自所有，宋倩从未从王小轩那里得到过任何财产。所以，面对生活困难的宋倩，王小轩应该给予一定的经济帮助。

离婚虽然终止了夫妻间的扶养义务，但离婚时，一方生活困难，另一方如果有能力，仍应给予一定的经济帮助。这是将道德上的责任上升为法律责任。这样既可以解决困难一方的实际问题，也有助于消除困难一方在离婚问题上的经济顾虑，有利于实现离婚自由。

其中，给予经济帮助应符合以下几个条件：

（1）被帮助的一方在离婚时，确实有经济困难，而自己又无力解决。包括依靠个人财产和离婚时分得的财产无法维持当地基本生活水平，生活难以维持，或没有住房。

（2）提供帮助的一方必须有负担能力，这种帮助要在力所能及的范围内。

（3）接受帮助的一方没有再婚，也没有与他人同居。

法典在线

《中华人民共和国民法典》第一千零九十条　离婚时，如果一方生活困难，有负担能力的另一方应当给予适当帮助。具体办法由双方协议；协议不成的，由人民法院判决。

6 丈夫与他人同居，妻子离婚时可否请求赔偿？

　　王小强的舅舅陈奋进与妻子孙茹结婚1年后，感情变得越来越冷淡。陈奋进经常以加班、出差为由晚回家，甚至不回家。后来，孙茹和朋友逛商场时，看到了丈夫陈奋进与另外一个女子举止亲密地从一家首饰店出来。孙茹恍然大悟，冲上去与丈夫理论。事后，孙茹才得知陈奋进在外面包养了这个女人，他们已经同居半年了。

　　这件事导致陈奋进与孙茹夫妻感情破裂，孙茹向人民法院起诉离婚，陈奋进表示同意。在财产分割上，孙茹认为陈奋进与他人同居，背叛了他们的婚姻，对自己造成了很大伤害，她要求陈奋进给予精神赔偿费5万元。那么，孙茹的这种主张能够得到人民法院的支持吗？

小强说法

本案是关于无过错方请求离婚损害赔偿的法律问题。离婚过错损害赔偿，是指配偶一方因为过错实施法律规定的违法行为，妨害婚姻关系和家庭关系，导致夫妻感情彻底破裂，最终离婚，过错方应承担的侵权损害赔偿责任。《民法典》规定，有下列情形之一而导致离婚的，无过错方有权请求损害赔偿：

（一）重婚；

（二）与他人同居；

（三）实施家庭暴力；

（四）虐待、遗弃家庭成员；

（五）有其他重大过错。

本案中，陈奋进因为与他人同居而导致夫妻感情彻底破裂，最终离婚，是过错方，依据法律规定，陈奋进应当给予孙茹一定的损害赔偿，所以，孙茹的主张应当得到人民法院的支持。

法典在线

《中华人民共和国民法典》第一千零九十一

条　有下列情形之一，导致离婚的，无过错方有权请求损害赔偿：

（一）重婚；

（二）与他人同居；

（三）实施家庭暴力；

（四）虐待、遗弃家庭成员；

（五）有其他重大过错。

新法亮点

《民法典》婚姻家庭编的规定注重对离婚时无过错方的保护。原婚姻法第46条确定的离婚损害赔偿制度，为惩罚婚姻侵权行为提供了法律依据。但在司法实践中，离婚损害赔偿的适用情形有限，过错认定标准严格，无过错方的离婚损害赔偿诉求常常难以得到支持。《民法典》第1091条新增“有其他重大过错”条款，此条款起到了兜底的作用，可以涵盖更多的过错情形，能应对复杂多变的现实需求，为无过错方更好地保驾护航。

离婚后才发现丈夫转移财产，妻子应如何维权？

薛丽的小姨林诗最近遇到了一件烦心事。林诗与丈夫方某结婚多年。结婚的前几年，他们夫妇俩日子过得紧。后来，方某开了一家建筑公司，生活才渐渐富裕起来。可是生活富裕了，他们夫妻的感情却又出现了问题。方某开始经常不着家，在外面花天酒地。后来，林诗发现，方某在外面与人同居，便向人民法院起诉，要求与方某离婚，并依法分割夫妻的共同财产。由于林诗是无过错方，人民法院按照照顾无过错方权益的原则分割了财产，双方都无异议。可是离婚半年后，林诗才知道当初在进行财产分割时，方某曾将他账户里的 50 万元偷偷转给了他的弟弟。为此林诗心里很不舒服，可官司都打完了，她只能暗自生闷气。这时，王小强告诉小姨可以向人民法院提起诉讼，要求再次分割财产。可是方某称这笔钱是自己投资理财产品所得。那么，林诗可以要求分割这笔财产吗？

小强说法

本案主要涉及离婚时私自处分夫妻共同财产的法律问题。林诗能否分割方某的这笔钱，首先要看这笔钱是否属于婚姻关系存续期间夫妻的共同财产。根据《民法典》的规定，夫妻在婚姻关系存续期间所得的生产、经营、投资的收益，属于夫妻的共同财产。方某靠投资理财产品所得的50万元应认定为夫妻双方的共同财产。林诗是可以要求分割这笔财产的。那么，应如何分割呢？

在离婚时，私自转移或变卖夫妻共同财产的事情经常发生，其目的是多分财产，而这种做法显然损害了另一方的利益。为了维护离婚双方当事人的利益，充分保证公平公正，我国法律对此做了严格的规定，严厉杜绝私自处分夫妻共同财产的行为。

本案中，方某瞒着林诗，偷偷将这笔钱暂时转给弟弟的行为属于转移夫妻的共同财产，据此，人民法院在分割夫妻共同财产时，可以对方某少分或不分。

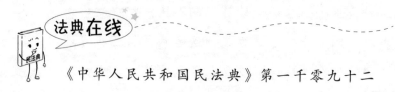

法典在线

《中华人民共和国民法典》第一千零九十二

条　夫妻一方隐藏、转移、变卖、毁损、挥霍夫妻共同财产，或者伪造夫妻共同债务企图侵占另一方财产的，在离婚分割夫妻共同财产时，对该方可以少分或者不分。离婚后，另一方发现有上述行为的，可以向人民法院提起诉讼，请求再次分割夫妻共同财产。

心有**大爱**，
收养**有规**。

第
六
章

1 可以收养意外去世工友已满15周岁的孩子吗？

　　王小刚是王小强大伯王常亮的大儿子。王小刚是一名在建筑工地干活儿的工人，在一众工友中，王小刚与老吴关系最好。老吴是个苦命的人，妻子在他们儿子小吴只有3岁大的时候就去世了。为了养家，老吴经常外出打工，儿子小吴是老吴的老母亲拉扯大的。后来，小吴的奶奶因病去世，老吴便把儿子接到了他打工的这座城市，父子俩相依为命。小吴非常懂事，见过小吴的工友都夸他是个好孩子。

　　可是，厄运忽然而至，老吴突发急症去世了，只留下了15周岁的儿子小吴。王小刚是个心地善良的人，他觉得小吴太可怜了，想收养他，供他继续上学，王小刚的妻子也同意。可是，王小刚听说，不满14周岁的未成年人才能被收养。那么，王小刚可以收养小吴吗？

按照原收养法的规定，对被收养的未成年人的年龄的确是有限制的。因为考虑年幼的孩子更容易与养父母培养感情，所以将14周岁设定为一个年龄界限。原收养法第4条规定，下列不满14周岁的未成年人可以被收养：

（一）丧失父母的孤儿；

（二）查找不到生父母的弃婴和儿童；

（三）生父母有特殊困难无力抚养的子女。

为了使更多急需关爱的未成年人得到良好的成长环境，《民法典》第1093条对被收养人的范围进行了调整，删除了对未成年人须不满14周岁的要求，弥补了已满14周岁的未成年人不能被收养的遗憾。

本案中，小吴是丧失父母的孤儿，又是未成年人，是符合被收养条件的。因此，王小刚可以收养小吴。

法典在线

《中华人民共和国民法典》第一千零九十三
条　下列未成年人，可以被收养：

（一）丧失父母的孤儿；

（二）查找不到生父母的未成年人；

（三）生父母有特殊困难无力抚养的子女。

新法亮点

随着时代的进步，法律也在不断地完善，为了满
足更多人群的收养需求，保障更多急需得到关爱的未
成年人的权益，《民法典》对收养关系成立条件作出
了重大调整。其中最重要的一点是，扩大了可以被收
养的未成年人的范围，让14周岁到18周岁的未成年
人也有机会被收养，这是《民法典》关于收养部分的
一大亮点，体现了《民法典》在保护弱势群体利益前
提下鼓励收养的立法导向。

在我国，14周岁到18周岁的未成年人多数还处在
接受学校教育的阶段，经济上不能独立，心智上正处于
人格塑造的关键时期，这个年龄段的孩子正需要家人的
陪伴和教育。因此，放宽被收养人的年龄限制，让这一
年龄段的孩子也可以被收养，得到家庭的温暖，是有很
重要的意义的。

已经生了一个孩子的夫妻，可以收养一个孩子吗？

　　王小强和薛丽夫妇婚后育有一子。现在国家开放了二胎政策，喜爱孩子的王小强夫妇打算生二胎。可是薛丽一直没能怀孕，到医院检查后得知，薛丽的卵巢功能明显减退，已经无法受孕。这个消息让王小强夫妇感到非常遗憾。

　　正巧，王小强夫妇所居住的小区里的一对夫妻因车祸双双去世，家中的长辈也早已去世，只留下一个9周岁的女儿莎莎。王小强夫妇最大的希望就是儿女双全，于是动了收养莎莎的心思。王小强夫妇今年均是36周岁，收入稳定，无不良嗜好，无犯罪记录，身体健康。可是，他们已经有一个婚生子了，在这种情况下，他们还能再收养一个孩子吗？

已经有一个孩子的父母还可以再收养一个，收养政策也随二胎政策的实施而调整啦！

小强说法

针对这种情况，首先，我们来看看王小强、薛丽夫妇的条件是否符合收养人条件。《民法典》第1098条规定的收养人的条件是：

（一）无子女或者只有一名子女；

（二）有抚养、教育和保护被收养人的能力；

（三）未患有在医学上认为不应当收养子女的疾病；

（四）无不利于被收养人健康成长的违法犯罪记录；

（五）年满30周岁。

据此可知，生了一个孩子的王小强和薛丽是符合收养人条件的。

其次，再来看看莎莎是否符合被收养人条件。根据《民法典》第1093条的第（1）项可知，丧失父母的未成年人是可以被收养的。据此，莎莎也符合被收养人的条件。

最后，还要注意一点，收养应符合自愿原则。《民法典》第1104条规定，收养人收养与送养人送养，应当双方自愿。收养8周岁以上未成年人时，是要征得被收养人同意的。莎莎已经9周岁了，王小强和薛丽若想收养她，还需征得她的同意，如果莎莎同意，王小强和薛丽才可以收养她。

法典在线

《中华人民共和国民法典》第一千零九十八条　收养人应当同时具备下列条件：

（一）无子女或者只有一名子女；

（二）有抚养、教育和保护被收养人的能力；

（三）未患有在医学上认为不应当收养子女的疾病；

（四）无不利于被收养人健康成长的违法犯罪记录；

（五）年满三十周岁。

《中华人民共和国民法典》第一千一百零四条　收养人收养与送养人送养，应当双方自愿。收养八周岁以上未成年人的，应当征得被收养人的同意。

新法亮点

在原收养法中，规定了收养人条件为"无子

女"。随着国家计划生育政策的调整，《民法典》也随之进行了调整，其中第1098条在收养人应当具备的条件中，增加了"只有一名子女"的情形；第1100条将原无子女的收养人可以收养一名子女的情形改为可收养两名子女。这体现了《民法典》将收养法律与生育政策结合的科学合理的立法精神。

3. 犯过罪的人可以收养小孩吗？

　　王小强的妻舅薛毅和妻子在送货途中发生车祸，妻子当场死亡，薛毅的一条腿被截了肢。薛毅和妻子共有两个孩子，大儿子叫薛松，二女儿叫薛英。现在薛毅成了残疾人，而且为了治病负债累累，他已无力照顾两个孩子。为了孩子能够健康成长，他想找一对年轻夫妇收养年仅两岁半的薛英。

　　薛毅托人打听，得知彭某夫妇婚后无子，正打算领养一个孩子。彭某夫妇都是知识分子，工作体面，家境优渥，薛毅想女儿如果能被他们收养，也就放心了。可是后来经过多方考察，薛毅得知彭某曾因遗弃父母而留下了违法犯罪记录。这一点让想要将女儿给彭某夫妇收养的薛毅望而却步。那么，像彭某这种情况可以收养子女吗？

小强说法

　　相较于过去的收养法，《民法典》对收养人的资格条件审查进一步强化，在收养人应当具备的条件中，增加了一项，即收养人无不利于被收养人健康成长的违法犯罪记录。这一修订将存在严重违法犯罪者排除在收养主体之外，有利于未成年人的健康成长，防止其遭受违法犯罪者的伤害。注意，并不是只要有违法犯罪记录的人就不能收养子女，此条合理地将其限定为不利于被收养人健康成长的违法犯罪记录，保留了某些性质并不严重的违法犯罪人的收养的权利。这里所指的不利于被收养人健康成长的违法犯罪记录包括曾经犯有性侵、伤害、虐待、遗弃等犯罪或者违法行为的记录。

本案中的彭某曾犯遗弃罪，此违法行为是不利于被收养人健康成长的，因此，彭某是不符合收养人条件的。

法典在线

《中华人民共和国民法典》第一千零九十八条　收养人应当同时具备下列条件：

（一）无子女或者只有一名子女；

（二）有抚养、教育和保护被收养人的能力；

（三）未患有在医学上认为不应当收养子女的疾病；

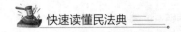

（四）无不利于被收养人健康成长的违法犯罪记录；

（五）年满三十周岁。

新法亮点

收养人有不利于被收养人健康成长的违法犯罪记录，对于被收养人健康成长有着一定影响。为了进一步强化对被收养人利益的保护，《民法典》对收养人收养资格的审查更为严格，增加了"无不利于被收养人健康成长的违法犯罪记录"的条件。这一修订是一个重大进步，体现了法律保护重心向被收养人利益进一步倾斜。

单身的叔叔收养亲侄女，可以享受哪些宽松条件？

王小强二爷爷家的老三王常明，结婚多年一直没有孩子，后来，妻子又因病去世。由于王常明对妻子感情很深，一直没有再娶，独自生活。王常明的大哥王常亮家里有3个孩子，生活负担大，生活贫困，于是王常亮主动问起，弟弟是否愿意收养自己的二女儿王小梦。王常明乐意之至。于是，双方便在当地的民政部门办理了王常明收养王小梦的登记手续，收养关系成立。

自从收养了王小梦，王常明便将王小梦视如己出，精心地照顾她、培养她。王小梦喜欢唱歌，王常明便鼓励她参加歌唱比赛，小姑娘还因此上了电视，成了一名小童星。此时，王常亮非常后悔将王小梦送养，他绞尽脑汁，想把王小梦要回来。王常亮听人说，无配偶的人收养异性子女的，收养人与被收养人的年龄应当相差40周岁以上，而王常明与王小梦只相

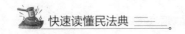

差 29 岁。王常亮想以此请求人民法院判决王常明与王小梦的收养关系无效，这是可行的吗？

小强说法

收养三代以内旁系同辈血亲的子女，在民间被称为过继，往往是本家族内的近亲属照顾无子女近亲属的一种举措，所以法律对这种收养行为限制较少。《民法典》规定，收养三代以内旁系同辈血亲的子女，可以不受如下限制：

（1）被收养的未成年人是生父母有特殊困难无力抚养的子女；

（2）送养人是有特殊困难无力抚养子女的生父母；

（3）无配偶者收养异性子女的，收养人与被收养人的年龄应当相差 40 周岁以上。

本案中，王常明和王常亮是亲兄弟，王常明是王小梦的亲叔叔，王常明收养的正是三代以内旁系同辈血亲的子女，所以，即便王常明与王小梦只相差 29 岁，也是没有问题的。王常亮如果以这个理由去人民法院起诉王常明，他的诉讼请求是得不到人民法院支持的。

法典在线

　　《中华人民共和国民法典》第一千零九十九条　收养三代以内旁系同辈血亲的子女，可以不受本法第一千零九十三条第三项、第一千零九十四条第三项和第一千一百零二条规定的限制。

　　华侨收养三代以内旁系同辈血亲的子女，还可以不受本法第一千零九十八条第一项规定的限制。

5 想一次收养三个孤儿，可以吗？

　　王小强的表姨陈晨是唐山大地震中的幸存者，她的父母和妹妹都在那场可怕的灾难中死去了。幸运的是，陈晨后来被一对好心的夫妇收养了。养父养母对陈晨视如己出，让她又一次感受到了家庭的温暖，在灾难中所受的心灵创伤也慢慢被养父养母治愈了。

　　一次，某地也发生了大地震，很多人为此丧了命，很多孩子失去了父母亲人，成了孤儿。看着新闻报道，陈晨的内心久久不能平静。如今，她事业有成，家境优渥，她有能力去尽己所能地帮助那些流离失所的孤儿，于是在评估了自己的现状后，她打算收养三个孤儿。她的丈夫完全支持她的善举，可是，又提醒她："听说无子女的收养人只能收养两名子女。"真的是这样吗？

小强说法

我国法律对收养人数有限制，《民法典》第1100条第1款规定，无子女的收养人可以收养2名子女；有子女的收养人只能收养1名子女。之所以这样规定，是为了防止收养人收养子女过多，无能力和精力照顾，以至于损害被收养人的利益，同时也是为了防止借收养而拐卖人口的现象。

但是，一些爱心人士愿意收养多名孤儿的善举，是值得鼓励的，所以《民法典》第1100条第2款又规定，收养孤儿、残疾未成年人或者儿童福利机构抚养的查找不到生父母的未成年人，可以不受以下2项限制：

（1）无子女的收养人可以收养2名子女；有子女的收养人只能收养1名子女。

（2）收养人应当同时具备无子女或者只有1名子女的条件。

本案中的陈晨，家境优渥，有能力抚养多名孤儿，同时她自己本身就是大地震的受害者，是因为被收养才有了现在幸福的人生，所以她也一定能够推己及人，对孤儿展现出更多的爱心和耐心。所以，如果陈晨和丈夫确实有能力同时照顾 3 名孤儿，他们是可以收养的。

法典在线

《中华人民共和国民法典》第一千一百条　无子女的收养人可以收养两名子女；有子女的收养人只能收养一名子女。

收养孤儿、残疾未成年人或者儿童福利机构抚养的查找不到生父母的未成年人，可以不受前款和本法第一千零九十八条第一项规定的限制。

6. 无配偶的女老师，可以收养一个男孩吗？

王小强的表姑姓纪，在一所高中教授地理。纪老师是一名不婚主义者，今年已经42周岁，仍旧单身。纪老师虽然不考虑结婚，但她非常喜欢孩子。教书将近20年，纪老师深受学生们喜爱，她总是能跟孩子们打成一片。看着那些朝气蓬勃的孩子，纪老师也发自内心地渴望拥有一个自己的孩子。

纪老师平日里喜欢做慈善，经常参加一些慈善组织，假期的时候也会去福利院做义工。纪老师做义工的福利院里有一个孤儿叫天天，今年7周岁，非常可爱。纪老师非常喜欢天天，萌生了收养他的想法，而天天也很愿意和温和幽默的纪老师接触。于是，纪老师向福利院提出想要收养天天的申请。那么，纪老师能否合法收养天天呢？

小强说法

　　我国的法律允许无配偶者收养异性子女，但是为了防范收养人借收养之名侵害未成年人，法条中对收养人与被收养人的年龄作了限制。但过去只对男性收养女性作了限制。为了更好地保护未成年被收养者的权益，《民法典》规定，无配偶者收养异性子女的，收养人与被收养人应有40周岁以上的年龄差。

　　在本案中，纪老师42周岁，天天7周岁，双方相差35周岁，不符合《民法典》关于无配偶者收养异性子女的要求。因此，纪老师不可以收养天天。

法典在线

　　《中华人民共和国民法典》第一千一百零二条　无配偶者收养异性子女的，收养人与被收养人的年龄应当相差四十周岁以上。

新法亮点

　　提到受侵害的未成年人，人们普遍先想到女孩，对男孩预防侵害的重视程度远低于女孩，甚至忽略了这一块。因此，一些罪恶之手便游走于法律的灰色地带。为了更好地保护未成年被收养者的权益，《民法典》第 1102 条相较于原收养法进行了调整，将"无配偶的男性收养女性的"改为"无配偶者收养异性子女的"，也就是说无论是单身男性收养女性，还是单身女性收养男性，收养人与被收养人的年龄都应当相差 40 周岁以上。

收养一定要登记吗?

　　王小强父亲的棋友老胡和他妻子登记结婚多年一直没有孩子,为了弥补没有孩子的遗憾,也为了老有所依,他们收养了一个养子,名叫小远。但是,老胡夫妇并没有在民政部门对其养子进行收养登记。王小强提醒他们,收养孩子应该办理相应的收养手续,否则收养关系是不受法律保护的。但老胡夫妇觉得这太麻烦了,他们想只要对养子视如己出,将来养子肯定就跟亲生的一样,不登记又有什么关系。为了改变他们的错误观念,王小强给他们讲了一对老夫妻的故事。

　　有一对老夫妻也是收养了一个孩子没有办手续,结果这个孩子在车祸中死去了,肇事司机赔偿了他们12万元。可是钱还一分没用,老夫妻家里就来了2个陌生人,他们说他俩是那死去孩子的亲生父母,他们是来要回亲生女儿的赔偿金的。老夫妻自然不肯给,孩子的亲生父母便以养父母没有进行收养登记为由,将其告上了法庭。双方各执一词，最后还不知道人民法院怎么判呢。

老胡夫妇这才明白，原来不办手续真的不行。可是，要到哪里去办手续呢？都需要办什么手续呢？老胡夫妇一头雾水。

小强说法

在生活中，收养了孩子却没有办理收养登记的夫妻并不少见，殊不知这种做法会给日后生活带来极大隐患，是不可取的。

收养登记是收养关系成立所必须具备的形式要件。收养各方当事人达成收养合意之后，须经过收养登记，才能成立收养关系，变更当事人间的身份。办理收养登记的机关是县级以上人民政府的民政部门。收养登记的具体程序是，先申请，再审查，最后登记。

收养关系当事人愿意签订收养协议的，可以签订收养协议。所谓收养协议，是当事人关于收养合意的书面表现形式。实施收养行为应首先签署收养协议，然后再进行收养登记。

签订收养协议后，收养关系当事人各方或者一方要求办理收养公证的，应当办理收养公证。收养公证是用来证明收养协议的合法性的。

以上便是收养关系成立所需要办理的手续，老胡夫妇须尽快办理。

法典在线

《中华人民共和国民法典》第一千一百零五条 收养应当向县级以上人民政府民政部门登记。收养关系自登记之日起成立。

收养查找不到生父母的未成年人的，办理登记的民政部门应当在登记前予以公告。

收养关系当事人愿意签订收养协议的，可以签订收养协议。

收养关系当事人各方或者一方要求办理收养公证的，应当办理收养公证。

县级以上人民政府民政部门应当依法进行收养评估。

8 妻子死后，丈夫无力抚养孩子，外祖父母能取得孩子的抚养权吗?

由于彭某夫妇不符合收养人条件，薛毅便继续寻找可以收养女儿薛英的合适人选。正当事情没有着落之时，孩子的外婆从外地赶过来了，原来老人是听闻女婿想把薛英送养出去而专程赶来的。她不同意将孩子送养出去，主动提出要抚养薛英。可是薛毅还是认为找一对家境好的年轻夫妇收养女儿，对女儿的教育更有帮助。那么，孩子的外婆能否取得薛英的抚养权呢?

小强说法

按照《民法典》的规定，配偶一方死亡，另一方送养未成年子女的，死亡一方的父母有优先抚养的权利。也就是说，与孩子有血缘关系的人对孩子享有优先抚养权。法律作出这样的规定，是考虑孩子的亲属一般对孩子更有爱心和耐心，这是为了更好地保护未成年人这一相对弱势群体的权益。

　　本案中的父亲薛毅可能认为找一对年轻夫妇收养薛英,可以让孩子得到更好的照顾和教育。但外婆比其他人多了一重亲情保障,是利于孩子健康成长的。因此,根据法律规定,由外婆抚养薛英更为合适。

法典在线

　　《中华人民共和国民法典》第一千一百零八条　配偶一方死亡,另一方送养未成年子女的,死亡一方的父母有优先抚养的权利。

9 被送养的孩子，需要赡养自己的亲生父母吗？

纪老师当初没能收养天天，她一直感觉非常遗憾，后来在机缘巧合之下，她收养了 2 岁的媛媛。在纪老师的精心呵护之下，女儿媛媛长成了一个乐观开朗的大姑娘。

某日，一位自称媛媛亲弟弟的人找上门来。原来，当初媛媛的父母生活极度贫困，无力抚养 2 个子女，便将大女儿媛媛送养了出去。如今弟弟之所以找上门来，是因为他们的父亲患了重病，家里条件不好，凑不够父亲的手术费，而且父亲需要人长期照顾，弟弟一个人承担不起如此重任。弟弟认为媛媛虽然被别家收养了，但是与生父的血缘未断，弟弟希望媛媛能承担起赡养父亲的责任。纪老师说这件事让媛媛自己决定。那么，媛媛有赡养父亲的义务吗？

小强说法

　　这个案例涉及收养效力的法律问题，这是法律赋予收养行为发生的强制性法律后果。《民法典》规定，自收养关系成立之日起，养父母与养子女间的权利义务关系，适用本法关于父母子女关系的规定；养子女与养父母的近亲属间的权利义务关系，适用本法关于子女与父母的近亲属关系的规定。养子女与生父母以及其他近亲属间的权利义务关系，因收养关系的成立而消除。

　　也就是说，收养关系一旦确立，养子女就取得了与亲生子女同等的法律地位，养子女与养父母及养父母的近亲属间形成与亲生子女相同的权利义务关系。同时，养子女与生父母及生父母的近亲属间的权利义务关系消除。当然这消除的仅仅是法律意义上的父母子女关系，而不是自然意义上的。

　　本案中，媛媛在被收养时与亲生父母及亲生父母的近亲属间的权利义务就已经不存在了，对亲生父亲自然也就不存在赡养义务了。但是，媛媛的亲生父亲与媛媛的血缘关系是不可改变的，所以要不要赡养生父，媛媛可根据自己的意愿决定，即便不赡养，也不会违反法律规定。

法典在线

《中华人民共和国民法典》第一千一百一十一条 自收养关系成立之日起，养父母与养子女间的权利义务关系，适用本法关于父母子女关系的规定；养子女与养父母的近亲属间的权利义务关系，适用本法关于子女与父母的近亲属关系的规定。

养子女与生父母以及其他近亲属间的权利义务关系，因收养关系的成立而消除。

10 收养人虐待养子女，送养人可以解除收养关系吗？

薛英的外婆温柔慈爱，薛英在被外婆抚养后，度过了两年温馨愉快的日子。然而天有不测风云，外婆突发急症去世了，薛毅便把女儿又接了回来。这时碰巧有一对夫妻符合收养条件。

这对夫妇是因为妻子郑美容患有不孕症，所以想要收养孩子。双方一拍即合，很快办理了收养手续。

薛英被收养后，养母郑美容对她很好，母女关系较融洽。可是养父秦海东由于与薛英没有血缘关系，无法生出爱女之心，怎么看薛英都不顺眼。每当薛英犯了一点儿小错误的时候，秦海东都是又打又骂。后来，这种情况越演越烈，只要秦海东在外面遇到不顺心的事情，回来就拿薛英出气，薛英俨然成了他的出气筒。最严重的一次，秦海东将薛英的肋骨都踹断了。郑美容因为不能生育愧对丈夫，对丈夫的施暴行为从不劝阻。

秦海东虐待养女的事，逐渐被邻居知道了，后来又传到了薛毅的耳中。薛毅送养女儿是有苦衷的，如今看到女儿在养父母家受苦，就想要回薛英，可是郑美容不同意。薛毅可否向人民法院起诉解除薛英与郑美容、秦海东夫妇的收养关系？

小强说法

由于养父母同养子女之间缺少了血缘的牵绊，养父母虐待甚至性侵养子女的事件时有发生，令人触目惊心。未成年的养子女缺乏自我保护的能力，在这种境遇下弱小无助，孤立无援。为了保护未成年养子女的合法权益，《民法典》规定，收养人不履行抚养义务，有虐待、遗弃等侵害未成年养子女合法权益行为的，送养人有权要求解除养父母与养子女间的收养关系。送养人、收养人不能达成解除收养关系协议的，可以向人民法院提起诉讼。

在本案中，养父秦海东对养女薛英多次进行虐待，没有尽到父亲的抚养照顾义务，养母郑美容对丈夫的虐待行为不加劝阻，实际上属于放纵丈夫侵害薛英权益的行为，也没有尽到她作为母亲的抚养照顾义务。因此，薛毅提出要回女儿薛英的要求是合理的，如果双方不能达成解除收养关系的协议，薛毅可以向人民法院起诉，他的请求将得到人民法院的支持。

法典在线

《中华人民共和国民法典》第一千一百一十四条 收养人在被收养人成年以前，不得解除收养关系，但是收养人、送养人双方协议解除的除外。养子女八周岁以上的，应当征得本人同意。

收养人不履行抚养义务，有虐待、遗弃等侵害未成年养子女合法权益行为的，送养人有权要求解除养父母与养子女间的收养关系。送养人、收养人不能达成解除收养关系协议的，可以向人民法院提起诉讼。

11. 养子女长大后虐待养父母，养父母应如何维权？

老胡夫妇听从了王小强的建议，又在王小强的陪同下去相关部门办理了收养登记。这下他们放心了。

转眼间，小远在老胡夫妇的精心照顾下长大成人了，老两口还给养子张罗了婚事，装修了婚房。可成年后的小远丝毫不念养育之恩，稍有不顺便对老胡夫妇破口大骂，如果老胡夫妇指责他，他甚至动手殴打两位老人。在小远的威势下，老胡夫妇终日惶恐不安，常常难受得连饭都吃不下去。两位老人再也忍受不了了，他们担心再这样下去，说不定哪一天会被养子折磨死。那么老胡夫妇是否可以和小远解除收养关系呢？另外，老胡夫妇收养小远之时就已40多岁，如今他们已经年老体衰，若收养关系真的解除了，他们的生活何以为继，他们这些年养育养子所花费的钱财就打水漂了吗？

小强说法

孩子是生命的延续，家庭因为有了孩子而更加圆满。然而在现实生活中，存在大量不能生育、不想生育或失去孩子的家庭，于是，收养孩子成了他们的一种选择。收养关系成立之后，本无父母子女关系的人之间就会产生法律拟制的父母子女关系。养父母对养子女有抚养义务，同时养子女长大之后对养父母也有赡养义务。如果长大成人的养子女对抚养其多年的养父母不但不思回报，反而又打又骂，养父母该怎么办呢？《民法典》规定，当养父母与成年养子女关系恶化，确实无法共同生活的，可以协议解除收养关系。不能达成协议的，可以向人民法院提起诉讼。

本案中，养子小远已经成年，由此可见，老胡夫妇与小远之间的收养关系是可以解除的。但是，收养关系解除之后，老胡夫妇不会再受到虐待了，但是也变得老无可依了，他们今后又该如何生活呢？为了保障养父母的权益，《民法典》规定，收养关系解除后，经养父母抚养的成年养子女，对缺乏劳动能力又缺乏生活来源的养父母，应当给付生活费。因养子女成年后虐待、遗弃养父母而解除收养关系的，养父母可以要求养子女补偿收养期间支出的抚养费。因此，老胡夫妇可以起诉小远，要求他给付生活费，也可以要求他对收养期间支出的抚养费进行补偿。

法典在线

《中华人民共和国民法典》第一千一百一十五条 养父母与成年养子女关系恶化、无法共同生活的，可以协议解除收养关系。不能达成协议的，可以向人民法院提起诉讼。

《中华人民共和国民法典》第一千一百一十八条 收养关系解除后，经养父母抚养的成年养子女，对缺乏劳动能力又缺乏生活来源的养父母，应当给付生活费。因养子女成年后虐待、遗弃养父母而解除收养关系的，养父母可以要求养子女补偿收养期间支出的抚养费。

生父母要求解除收养关系的，养父母可以要求生父母适当补偿收养期间支出的抚养费；但是，因养父母虐待、遗弃养子女而解除收养关系的除外。